C.H.BECK ◼ WISSEN

in der Beck'schen Reihe

W0172401

Die Welt der Insekten ist ebenso faszinierend wie fremdartig. Allein schon die ungeheuere, kaum vorstellbare Zahl von Insektenarten, vorsichtige Schätzungen sprechen von mehreren Millionen, ist beeindruckend. Noch mehr erstaunen allerdings die Effizienz ihrer Überlebenstechniken und die Raffinesse ihres Zusammenlebens. Dieses Buch gibt einen leichtverständlichen Überblick über das geheimnisvolle Reich der Insekten und seine erstaunlichen Bewohner.

Dr. *Klaus Honomichl*, Biologe und Privatdozent, lehrt und forscht am Institut für Zoologie der Universität Mainz.

Klaus Honomichl

INSEKTEN

Die heimlichen
Herrscher der Welt

Verlag C. H. Beck

Mit 49 Abbildungen

Originalausgabe
© Verlag C. H. Beck oHG, München 2003
Gesamtherstellung: Druckerei C. H. Beck, Nördlingen
Umschlagentwurf: Uwe Göbel, München
Printed in Germany
ISBN 3 406 41048 0

www.beck.de

Inhalt

Vorwort

Die Welt der Insekten ist fremdartig und faszinierend. Sieht man nur etwas genauer hin, so eröffnet sich eine schier unglaubliche Fülle an verschiedensten Formen und unterschiedlichsten Lebensäußerungen.

Fast eine Million Insektenarten sind der Wissenschaft bisher bekannt, und nachdem man in jüngster Zeit damit begonnen hat, bisher unzugängliche Regionen wie etwa die Baumkronen in tropischen Regenwäldern zu besammeln, sehen sich selbst vorsichtige Forscher veranlasst, die Zahl der wirklich existierenden Arten sage und schreibe auf das Vierzig- bis Fünfzigfache zu schätzen. Das sind unvorstellbare Größenordnungen. Noch ganz andere Zahlen muss man jedoch hinnehmen, wenn man einmal – ganz vorsichtig – versucht, über die Individuenzahl von Insekten nachzudenken: Auf jeden Menschen dieser Erde kommen wahrscheinlich mehrere Millionen Ameisen; ein einziger Schwarm von Wanderheuschrecken kann aus mehreren Milliarden Individuen bestehen. Selbst mitten in Europa, wo man die überquellende Lebensfülle der Tropen nicht erwartet, leben in einem einzigen Quadratmeter Waldboden an die 100 000 Individuen verschiedenster Arten, und noch 10 kg ganz normaler Birkenäste, also ein kleiner Teil des ganzen Baumes, beherbergen gut und gern 3000 Insekten.

Insekten sind allgegenwärtig, und trotzdem nimmt man sie im täglichen Leben nur ganz sporadisch wahr, leider vorzugsweise dann, wenn sie lästig oder schädlich werden. Ziel dieses Büchleins ist es, einen ersten Eindruck davon zu vermitteln, in welch vielfältiger Weise Insekten die unterschiedlichsten Lebensräume besiedelt haben und mit welcher Fülle an Abwandlungen in ihrer Körperstruktur ihnen dies ermöglicht wurde.

Natürlich wäre der Anspruch auf Vollständigkeit geradezu illusorisch. Aber die Aneinanderreihung einer möglichst großen

Zahl an Details ist auch gar kein sinnvoller Weg, eine wissenschaftliche Disziplin wie die Insektenkunde zu erschließen. Die Biologie ist, wie jede Wissenschaft, angetreten, Übersicht in die Vielfalt zu bringen. Und so darf man sich als Leser ruhig zunächst einmal vorführen lassen, welche zusammenfassenden, allgemeingültigen Aussagen sich durch das Sichten und Ordnen der vielfältigen Einzelheiten ergeben haben.

Andererseits ist die Biologie jedoch mit ihrem Einblick in die Welt des Lebendigen als einem höchst komplexen Gesamtgefüge in besonderer Weise verpflichtet, gerade auch die Vielfalt darzustellen und zu betonen.

So soll dieses Büchlein trotz des knappen Raums nicht einfach eine dürre Aneinanderreihung von typisierenden Allgemeinsätzen sein. Es will über Zusammenfassendes hinaus wenigstens ein Minimum der höchst faszinierenden Details bieten, mit denen Insekten aufwarten und die eine Beschäftigung mit ihnen so interessant machen. Es wäre viel erreicht, wenn der eine oder andere Leser nach der Lektüre angeregt wäre, in den vielen ausführlicheren Darstellungen der Insekten nachzulesen, um mehr über sie zu erfahren.

Meiner Frau Gabriele Honomichl danke ich ganz herzlich für viele kritische und weiterführende Anmerkungen zum Text, Herrn Prof. Dr. Albrecht Siegert (Mainz) für seine stete Diskussionsbereitschaft und vielfältige Hilfestellung während der Entstehung des Büchleins. Herrn Dr. Stephan Meyer, dem zuständigen Lektor im Verlag C. H. Beck, bin ich sehr verbunden wegen der liebenswürdigen Art, mit der er mich zu diesem Text überredet hat, aber auch für einen regen Gedankenaustausch über den Inhalt des Buches. Frau Manuela Schönecker und Frau Angelika von der Lahr schließlich danke ich für die außerordentlich sorgfältige Betreuung der Herstellung.

Ein Erfolgsmodell – und wie es dazu kam

Insekten sind trotz ihrer Kleinheit hochkomplizierte Lebewesen, die mit fast jeder Umgebung zurechtkommen. Ihr Körperbau zeigt verblüffende technische Lösungen für die vielfältigsten Aufgaben. Fast alle Insekten fliegen, viele können tauchen, manche laufen auf dem Wasser, andere an der Zimmerdecke oder sogar auf Glasscheiben, sie zerkauen feste Nahrung oder saugen Säfte, sie buddeln sich durch Holz und Sandstein, bauen filigrane Kokons und betonfeste Wohnungen – die Vielfalt der Leistungen ist unübersehbar.

Wenn man solche Körper zunächst einmal grundsätzlich verstehen will, dann lohnt es sich nachzuvollziehen, wie sie sich in der Evolution aus einfacheren Vorfahren entwickelt haben könnten.

Der wurmförmige Urahn

Ein sehr früher Vorfahre, die Stammart aller Gliedertiere (Articulata), könnte so ähnlich ausgesehen haben wie die heutigen Ringelwürmer (Annelida): weichhäutig und mit einem langgestreckten Körper, der aus einer ganzen Anzahl von hintereinander angeordneten Abschnitten, den Segmenten, zusammengesetzt war.

Es gibt gute Gründe, sich vorzustellen, dass alle diese Segmente zunächst gleich gebaut waren. Jedes Segment, vom vordersten bis zum hintersten, enthielt die gleiche Ausstattung mit inneren Organen wie Muskeln, Blutgefäßen, Exkretions- und Geschlechtsorganen; außen war in jedem Segment ein Paar Extremitäten ausgebildet, vielleicht so ähnlich, wie man sie heute bei den meeresbewohnenden Ringelwürmern sehen kann. Es scheint so, als sei dieser Körper durch Vervielfachen und Aneinanderhängen gleicher Bausteine gebildet worden – ein Weg übrigens, den die Natur auch bei den Ahnen der Wirbeltiere eingeschlagen hat.

Während der Weiterentwicklung zur Insektengestalt vollzogen sich dann aber tiefgreifende Um- und Neubildungen, von denen zwei als besonders bedeutsam gelten müssen.

Die Weiterentwicklungen: Ein Panzer außen ...

Zunächst einmal bildete sich in der Epidermis (das ist die den Körper umhüllende äußerste Zellschicht) die Fähigkeit, nach außen hin eine dicke, starre Schicht aus organischen Substanzen abzuscheiden. Damit war ein Außenskelett entstanden, durch das der Körper wie in einen Panzer eingehüllt wurde und das Schutz gegen mechanische und chemische Einflüsse von außen bot.

Dies gab den Startschuss für die Entwicklung einer immensen Nachkommenschaft: die Gliederfüßler (Arthropoda), zu denen Spinnentiere, Krebse, Tausendfüßler und eben auch die Insekten gehören.

... und Arbeitsteilung innen

Die zweite Änderung vollzog sich anschließend: Die einzelnen Segmente verloren ihre Gleichförmigkeit und wurden gruppenweise zu größeren Einheiten zusammengefasst, den Tagmata (Sg. Tagma).

Hierin liegt ohne Zweifel ein weiteres der Geheimnisse verborgen, die den Erfolg aller Gliederfüßler und damit auch der Insekten ausmachen. In den Segmenten eines Tagmas werden nämlich nicht mehr alle Organe ausgebildet. Einige Organe – in jedem Tagma andere – vergrößern sich auf Kosten der anderen, so dass ein jedes Tagma auf die Ausführung weniger Funktionen spezialisiert wird. Und wie bei jeder Spezialisierung besteht der große Fortschritt darin, dass die Tagmata mit ihren vergrößerten Organen nunmehr effizienter arbeiten können als die gleichförmig aufgebauten Segmente des wurmförmigen Ahnen.

Bei den Insekten bildeten sich drei Tagmata (Abb. 1): ein Kopf für Nahrungsaufnahme, Orientierung und zentrale Steue-

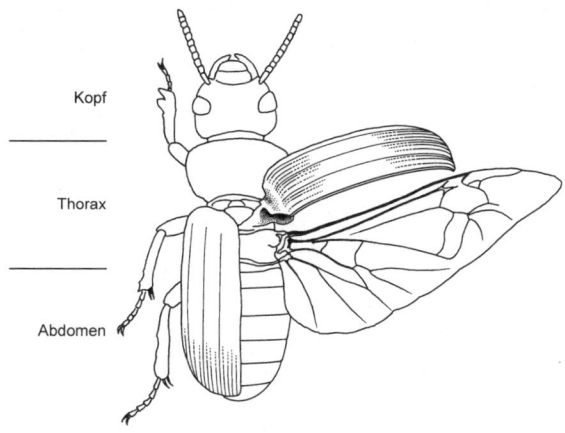

Kopf

Thorax

Abdomen

Abb. 1: Die drei Tagmata des Insektenkörpers, dargestellt an einem Laufkäfer. Im Kopf sind alle Segmente zu einer einheitlichen Kapsel verschmolzen. Die 3 Segmente des Thorax tragen je ein Paar Laufbeine (eingezeichnet sind nur die Laufbeine der linken Seite), die beiden hinteren zusätzlich Flügel. Die ursprünglich 11 Segmente des Abdomen unterlagen in der Evolution der Insekten sehr oft einer mehr oder weniger starken Tendenz zur Reduktion, so dass ihre Zahl bei den einzelnen Insektengruppen sehr unterschiedlich ist. Nach Weber u. Weidner (1974).

rung, ein Thorax mit den Laufbeinen und (später) den Flügeln als Fortbewegungsorganen und schließlich ein Abdomen für die Nahrungsverarbeitung und Fortpflanzung. Beispielsweise sind die Segmente im Thorax eines Insekts fast vollständig ausgefüllt mit vergleichsweise riesigen Muskeln, die die Laufbeine und Flügel bewegen. Dadurch bleibt kaum Platz für andere Organe. Die Tiere werden jedoch zu ungemein behenden Läufern und sehr schnellen Fliegern.

Die Tagmabildung vollzog sich bei den großen Gruppen der Gliederfüßler in unterschiedlicher Weise, was sie auf den ersten Blick unterscheidbar macht. Wenn man's beim Erkennen eines Insekts ganz einfach haben will, zählt man die Laufbeine. Bei Insekten – und nur bei ihnen – gibt es immer 3 Paar, da sie ausschließlich von den 3 Segmenten des Thorax gebildet werden.

Wer ist wer bei den Insekten

Auch wenn man gewohnt ist, sich Insekten als fliegende Tiere vorzustellen – die Stammart aller Insekten hatte nach allem, was man über sie erschließen kann, keine Flügel. Sie muss weit zurückliegend im Erdaltertum gelebt haben, ohne irgendwelche Spuren zu hinterlassen. Von ihren Nachfahren allerdings kennt man inzwischen eine große Anzahl aus fossilen Lagerstätten, und da ergab sich eine Überraschung: Zwar explodierte die Artenzahl der Insekten erst im Verlauf des Erdmittelalters, aber offenbar bildeten sich die grundlegenden Unterschiede zwischen den annähernd 30 großen Gruppen («Ordnungen»), in die man die heute lebenden Insekten unterteilt, sehr frühzeitig heraus, so dass Vertreter aus fast allen heutigen Ordnungen schon vom Ende des Erdaltertums, vor mehr als 200 Millionen Jahren, bekannt sind.

Die verwandtschaftlichen Verhältnisse der nachfolgend aufgeführten Ordnungen sind, so wie sie sich in der Evolution der Insekten wahrscheinlich ergaben, aus Abb. 2 ersichtlich.

Primär flügellose Insekten

Unter den heutigen Insekten haben nur wenige Ordnungen die Flügellosigkeit der Stammart beibehalten, etwa die Springschwänze, die Felsenspringer und die Fischchen. Es sind nur wenige tausend Arten, die ein eher verstecktes Leben führen. Nichtsdestotrotz gibt es viele dieser Arten in ungeheurer Individuenzahl. Auf einem Quadratmeter Waldboden kommen im Durchschnitt 40 000 Springschwänze vor!

Zu den **Springschwänzen** (Collembola, Abb. 3) gehören etwa 6000 Arten. Die meisten sind nur 1–2 mm groß. Sie sind weltweit verbreitet und kommen in den unterschiedlichsten Umgebungen vor: die meisten im Falllaub, auch in den oberen Bodenschichten und in verschiedensten Spalträumen. Manche – vergleichsweise recht farbenfrohe – Arten leben auf Büschen, und einige haben sich geradezu extreme Umgebungen ausgesucht: in der Gezeitenzone oder auf Gletschern, nicht wenige in stillen Randbereichen auf der Oberfläche von Teichen.

Mit Ausnahme der Arten, die in tieferen Bodenschichten leben, sind Springschwänze durch eine Sprunggabel gekennzeichnet, die am hinteren Körperende ansetzt. Normalerweise wird die Sprunggabel, nach vorn gerichtet, unter dem Körper getragen und von einer zangenförmigen Haltevorrichtung am 3. abdominalen Segment festgehalten. Durch außerordentlich schnelles Aufschlagen der Sprunggabel auf den Boden können sich die Tiere vom Untergrund abstoßen und recht weite Sprünge ausführen. Ihre Nahrung besteht aus verwesenden pflanzlichen und tierischen Stoffen. Mit ihrer riesigen Individuenzahl sorgen sie z. B. ganz wesentlich für eine erste Verarbeitung des Falllaubs.

Die etwa 450 Arten der **Felsenspringer** (Archaeognatha, Abb. 3) sind wesentlich größer (1–2 cm), aber auch sie führen ein verstecktes Leben, vorzugsweise auf Geröll und Felswänden sowohl im Gebirge, wo sie bis über 3000 m vorkommen, als auch an der Küste. Überwiegend nachts weiden sie Pflanzenbewuchs vom Untergrund ab. Dabei verhalten sie sich meist sehr ruhig und verharren oft an derselben Stelle, können aber bei Beunruhigung bis zu 10 cm weite Sprünge ausführen. Anders als die Springschwänze krümmen sie dazu den gesamten Körper zusammen, so dass der Thorax und das Hinterleibsende auf den Boden schlagen.

Die **Fischchen** (Zygentoma, Abb. 3) sind von ähnlicher Körpergröße wie die Felsenspringer, und auch sie haben – neben den beiden fadenförmigen Antennen am Kopf – drei langgestreckte Anhänge am Hinterende (seitlich die beiden Cerci, in der Mitte den Terminalfaden), mit denen sie Geruchs- und Geschmacksstoffe wahrnehmen können. Ihr Körper ist jedoch abgeflacht, was ihnen den Einschlupf in schmalste Ritzen erleichtert. Die weltweit etwa 400 Arten sind allesamt sehr wärmeliebend, womit zusammenhängt, dass sich in unseren

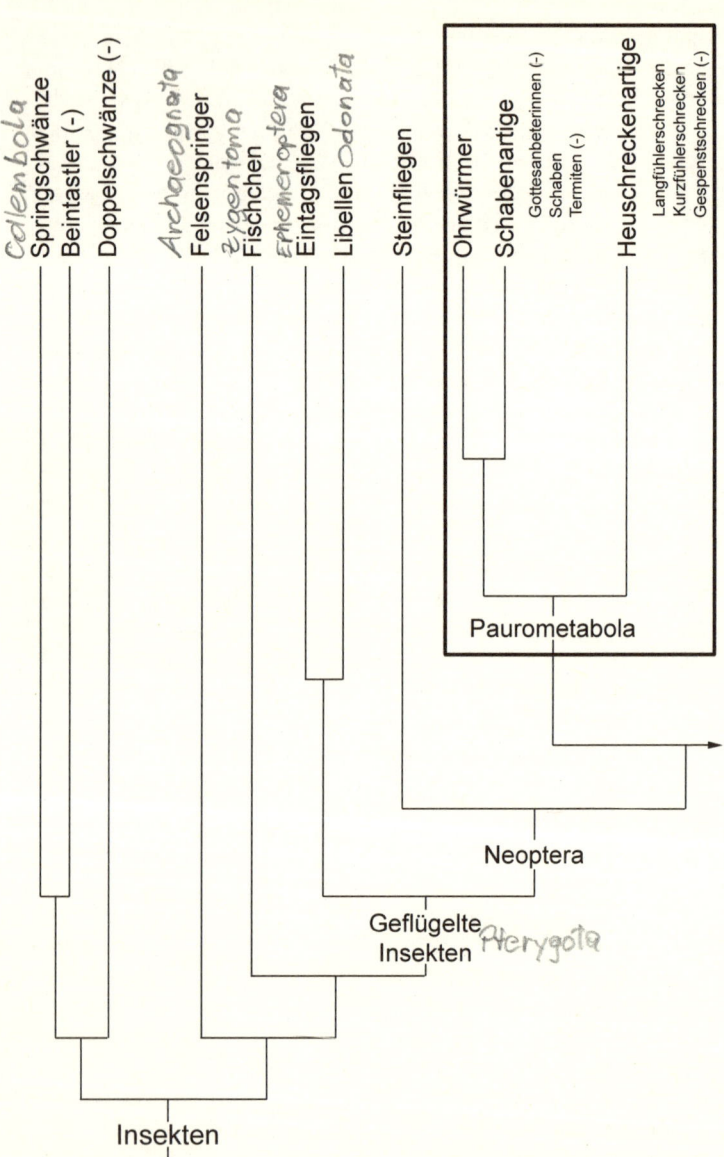

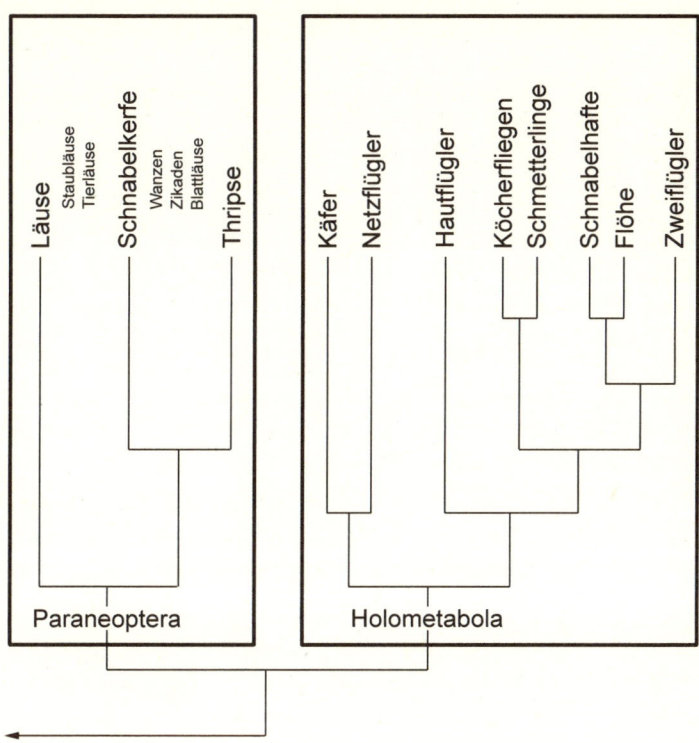

Abb. 2: Die Evolution der Insekten. Ausgehend von der Stammart der Insekten (links unten), sind die wahrscheinlichen Entwicklungswege dargestellt, so dass sich ein Überblick über die verwandtschaftliche Zusammengehörigkeit der größeren Gruppen ergibt, in die man die heute lebenden Insekten einteilt («Ordnungen», obere Zeile). Der Einfachheit halber sind die Namen der im Text genannten übergeordneten Gruppen direkt an deren Stammart geschrieben; die Gruppen Paurometabola, Paraneoptera und Holometabola sind der leichteren Übersicht wegen eingerahmt. Im Text nicht erwähnte Gruppen sind mit (-) gekennzeichnet.

Breiten nur wenige Arten als Hausbewohner (manche auch in Ameisenbauten) halten können. Sie kommen nachts aus ihren Verstecken und suchen nach Nahrung, in Häusern vor allem stärkehaltige Substanzen aller Art wie Mehl und Backwaren. Im Wesentlichen bleiben sie fast unbemerkt und stören wenig.

Die Fortpflanzung verläuft für Insekten eher ungewöhnlich: Ähnlich wie bei den Springschwänzen und den Felsenspringern findet keine Kopulation zwischen den Geschlechtspartnern statt. Vielmehr werden die Spermien indirekt übertragen: Das Männchen spannt, nachdem sich die Partner eine Zeit lang mit den Antennen betrillert haben, einige Fäden über dem Boden, setzt ein Spermapaket darunter ab und lockt das Weibchen schließlich unter den Fäden hindurch. Sobald das Weibchen einen der Fäden berührt, sucht es mit dem Hinterleib nach dem Spermapaket und nimmt es in die Geschlechtsöffnung auf.

Geflügelte Insekten (Pterygota)

Der große Rest der Insektenarten (die **Pterygota**, fast eine Million bekannter Arten) geht auf eine Stammart zurück, die Flügel entwickelte. Zwei Ordnungen aus dieser Gruppe, die Eintagsfliegen und die Libellen, sind insofern ursprünglicher als alle anderen, als sie ihre Flügel in Ruhe einfach nur nach oben stellen (Eintagsfliegen, Kleinlibellen) oder aber flach ausbreiten (Großlibellen) – also in einer der Flugstellungen verharren.

Die Larven beider Ordnungen leben in Süßgewässern und machen dort eine längere, manchmal mehrjährige Entwicklung durch. Dabei ernähren sich die Larven der **Eintagsfliegen** (Ephemeroptera) vom Algenbewuchs des Untergrunds und verschiedensten organischen Abfallstoffen. Manche Arten graben im Gewässerboden, fressen ähnlich wie ein Regenwurm das Grabmaterial in sich hinein und werten es aus. Die Erwachsenen (Abb. 3) der etwa 2000 Arten haben durchweg einen sehr zarten Körper von meist 1–2 cm Länge, wozu noch die meist 3 sehr langen Schwanzanhänge kommen. Sie sind außerordentlich kurzlebig: In nur wenigen Tagen, manchmal innerhalb von

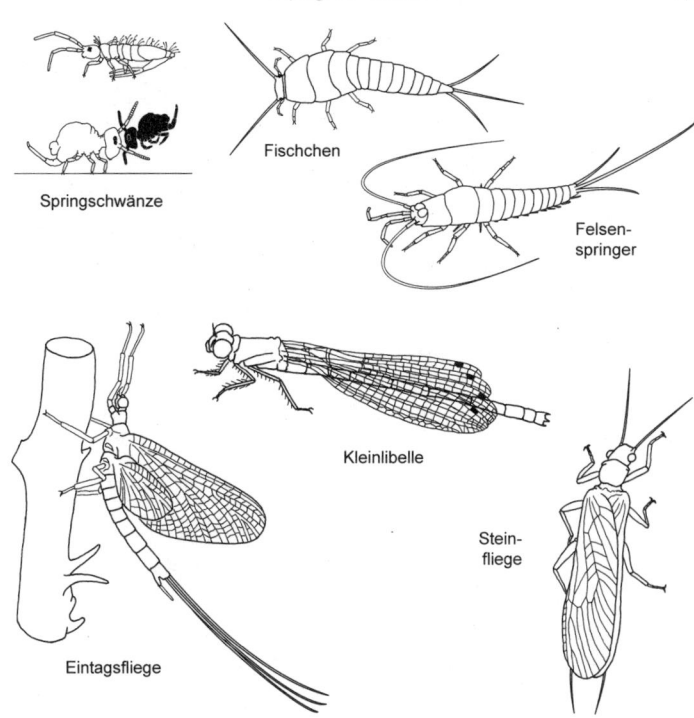

Fischchen

Springschwänze

Felsen-springer

Kleinlibelle

Stein-fliege

Eintagsfliege

Abb. 3: Beispiele für primär flügellose Insekten (oben) und ursprüngliche Gruppen der geflügelten Insekten (Pterygota, unten). Die abgebildeten Springschwänze sind ein auf Gebüsch in Wäldern vorkommender Laufspringer (oben) und ein Kugelspringer-Pärchen (unten). Kugelspringer laufen nicht selten auf der Wasseroberfläche umher; das Männchen (schwarz) hat sich an den Antennen des Weibchens festgeklammert und lässt sich bis zur Übertragung des Spermas umhertragen. Nach Schaller (4 Abb.) und Rietschel (1 Abb.) aus Honomichl (1998), Bellmann (1993) (1 Abb.) und einem Originalfoto.

Stunden müssen sie einen Geschlechtspartner finden und sich fortpflanzen. Entsprechend entfernen sie sich nicht weit von den Gewässern, aus denen sie geschlüpft sind und in die dann sofort wieder die Eier abgelegt werden.

Bei einer so kurzen Lebensspanne der Erwachsenen verwundert es nicht, dass sie verkümmerte Mundgliedmaßen aufweisen und keine Nahrung aufnehmen. Entsprechend wird der Darm in ganz ungewöhnlichen Funktionszusammenhängen verwendet. Er wird durch Schlucken von Luft aufgebläht und verringert so das spezifische Gewicht des Tieres, wohl zur Erleichterung des Fliegens. Während des Fliegens kann darüber hinaus durch unterschiedliche Verteilung der Luft im Darm die Körperstellung verändert werden. Tanzende Männchen nutzen dies aus: Die Tiere sammeln sich in Gruppen über ihren Gewässern, steigen immer wieder mit senkrecht gestelltem Körper auf und lassen sich dann in waagrechter Haltung langsam absinken. Dabei warten sie auf vorbeifliegende Weibchen, die sofort von unten angeflogen und mit den Vorderbeinen festgehalten werden. Die Kopulation findet gleich anschließend, noch während des Fliegens, statt.

Die etwa 5000 Arten der **Libellen** (Odonata, Abb. 3) werden in drei Untergruppen aufgeteilt, von denen in unserem Gebiet zwei vorkommen: Kleinlibellen und Großlibellen. Der Unterschied ist an den Flügeln zu erkennen. Kleinlibellen besitzen gleich gebaute Flügelpaare mit jeweils schmaler Basis. Vorder- und Hinterflügel der Großlibellen unterscheiden sich jedoch, indem der Vorderflügel an der Basis schmal, der Hinterflügel dagegen breit nach hinten ausgerandet ist.

Erwachsene Libellen sind wesentlich unternehmungslustiger als Eintagsfliegen. Besonders die Weibchen von Großlibellen fliegen weit umher, finden sich zur Fortpflanzung aber doch wieder an Gewässern ein. An deren Rändern stecken die Männchen Reviere ab, in denen sie patrouillieren und die sie gegen Rivalen verteidigen. Sie warten dort auf hindurchfliegende Weibchen, die sofort verfolgt und zunächst mit den Beinen ergriffen, dann aber mit zangenförmigen Hinterleibsanhängen, den Cerci, am Genick gepackt werden. Eine Weile fliegen beide Tiere so, als Tandem, umher, bis etwas sehr Merkwürdiges geschieht: Das Weibchen biegt seinen Hinterleib nach vorn unter das Männchen, wobei es seine Geschlechtsöffnung (sie befindet sich bei allen Insekten am Hinterleibsende) in einen Spermabehälter weit vorn am Abdomen des Männchens taucht. Das Männchen hatte ihn vorher mit Sperma gefüllt, so dass in dieser ungewöhnlichen, als Paarungsrad bezeichneten Stellung das Sperma übertragen wird.

Libellen sind außerordentlich gute Flieger und dabei ausgesprochene Augentiere, die sich vor allem optisch orientieren. Sie jagen fliegenden Insekten nach und ergreifen sie im Flug mit den Beinen. In diesem Zusammenhang ist die stark gekippte Lage der flügeltragenden Segmente zu sehen, wodurch der beim Auftreffen auf die Beute entstehende Stoß besser aufgefangen werden kann.

Auch die Larven ernähren sich jagend, allerdings sind es Lauerjäger, die gut getarnt in Ruhe auf vorbeikommende Beute warten. Aber auch sie haben bemerkenswerte Strukturen für den Beutefang entwickelt. Ihre Unterlippe (sie wird Fangmaske genannt) ist stark verlängert und vorn mit einer Greifzange versehen. In Ruhe wird sie eingefaltet unter Kopf und Brust gehalten, kann jedoch blitzartig vorgeschnellt werden, wenn ein Beutetier in der richtigen Entfernung vorbeikommt.

Neoptera

Alle restlichen Arten der Insekten (die **Neoptera**) stammen von einer Art ab, bei der sich eine besondere Technik entwickelt hat: Die Flügel können für die Ruhehaltung an der Basis eingefaltet und flach auf den Rücken gelegt werden. Das klingt wenig aufregend, aber es bedeutet für das sowieso schon komplizierte Flügelgelenk eine enorme zusätzliche Komplikation. Man muss nur einmal ein Blatt Papier an der gesamten kürzeren Kante festhalten (das würde dem Ansatz der Flügel am Rumpf entsprechen) und dann versuchen, es trotzdem flach um 90° zu verdrehen. Und man muss bedenken, dass die nötigen Knickstellen so gebaut werden müssen, dass diese Bewegung nicht gerade während des Fliegens passiert! Aber einmal entwickelt, ist diese Technik bei fast allen heutigen Neoptera beibehalten worden. Ihr Vorteil besteht sicherlich darin, dass sich Insekten mit zurückgeklappten Flügeln viel leichter in schmalen Ritzen verbergen oder überhaupt unauffälliger werden können.

Unter den Neoptera sind die **Steinfliegen** (Plecoptera, Abb. 3)
wohl die ursprünglichsten Formen. Man kennt etwa 2000 Arten. Die meisten Erwachsenen weisen eine Größe um etwa 1 cm
auf, die größten heimischen Arten erreichen immerhin jedoch
bis 3 cm. Sie sind ziemlich flugunlustig; man findet sie am ehesten auf den Pflanzen in der Nähe ihres Gewässers, wo sie bald
nach dem Schlüpfen kopulieren. Von einigen Arten wird eine
Kuriosität berichtet: Die Geschlechtspartner finden sich, indem
sie mit kleinen Zapfen an der Unterseite ihres Hinterleibs auf
die Unterlage trommeln. Die Männchen beginnen, und unbe-
gattete Weibchen antworten, so dass sich schließlich ein richti-
ger Wechselgesang entwickelt, in dessen Verlauf sich die Partner
einander nähern.

Die Larven leben in Süßgewässern, meist in kalten, schnell
fließenden Bächen. Sie ernähren sich dort von Algen und zerfallenden organischen Stoffen, die größeren Formen auch von
lebender Beute aller Art.

Paurometabola

Vier weitere Gruppen innerhalb der Neoptera, unter ihnen die
Ohrwürmer, die Schabenartigen und die Heuschreckenartigen,
werden wegen ihrer näheren Verwandtschaft miteinander als
Paurometabola zusammengefasst. Alle weisen die Tendenz zu
einer stärkeren Sklerotisierung der Vorderflügel auf; die Flugleistung wird deutlich mehr (oder ausschließlich, wie bei den
Ohrwürmern) von den großen Hinterflügeln erbracht.

Zu den **Ohrwürmern** (Dermaptera, Abb. 4) gehören etwa
1800 Arten, meist zwischen 1 und 2 cm groß. Sie sind leicht an
den zangenartigen Gebilden (Cerci) am Hinterleibsende zu erkennen, mit denen manche Arten Beute ergreifen, mit denen sie
sich aber auch verteidigen. Die Vorderflügel sind als kurze, sehr
feste Schüppchen (Elytren) ausgebildet, unter denen die großen,
häutigen Hinterflügel kompliziert zusammengefaltet liegen.
Viele Arten können mit Hilfe der Hinterflügel durchaus fliegen,
sie tun es offenbar jedoch nur selten. Zum Fliegen müssen die
Hinterflügel zunächst entfaltet werden, und hier hat man bei

manchen Arten eine kuriose, weitere Funktion der Cerci beobachtet: Mit ihrer Hilfe werden die Hinterflügel unter den Elytren herausgezogen und gestreckt.

Ohrwürmer leben versteckt und heimlich unter Laubstreu oder loser Rinde und gehen vorzugsweise nachts und in der Dämmerung auf Nahrungssuche. Die meisten sind Allesfresser, manche werden gelegentlich an Nutzpflanzen schädlich. Manche Arten, wie der sehr häufige Gemeine Ohrwurm (*Forficula auricularia*), überwintern in Wohnröhren, die offenbar von den Weibchen gegraben werden. Oftmals kommt es schon im Herbst zu Verpaarungen, und häufig bleibt das Männchen über den Winter in der Röhre des Weibchens. Mit Beginn der Eiablage, meist im Frühjahr, wird es aber vertrieben, und das Weibchen pflegt die Brut allein, indem es sie von Verpilzung säubert und verteidigt.

Zu den **Schabenartigen** (Blattopteroidea) gehören neben den Termiten und Gottesanbeterinnen auch die Schaben (Abb. 4). Von den Letzteren kennt man etwa 4000 Arten. Die meisten sind sehr wärmeliebend. Bei uns kommt nur ein Dutzend frei lebend auf niederer Vegetation vor. Die in Häusern lästigen Arten sind allesamt aus südlicheren Ländern eingeschleppt (die 3 cm große Amerikanische Schabe, *Periplaneta americana*, wahrscheinlich im 17. Jahrhundert mit Zuckerrohr aus Kuba, die etwas kleinere, dunkle Küchenschabe, *Blatta orientalis*, aus Südrussland). Die meisten Schaben sind nachtaktive Tiere, die sehr flink umherlaufen können und an Nahrung alles nehmen, was sie finden. Trotz ihrer großen Flügel sieht man sie nur selten fliegen.

Die Eier werden vom Weibchen zu einem Eipaket (Oothek) zusammengelagert und mit einer sehr festen, widerstandsfähigen Hülle umgeben. Bei den meisten Arten tragen die Weibchen die Oothek noch einige Tage, halb aus der Geschlechtsöffnung herausragend, mit sich umher und legen sie dann erst in einem Versteck ab.

Die Gruppe der **Heuschreckenartigen** (Orthopteroidea) umfasst neben den meist tropischen Gespenstheuschrecken die beiden auch bei uns vertretenen Ordnungen der Kurzfühlerschrecken (Heuhüpfer oder Feldheuschrecken, über 10 000 Arten; Abb. 4) und der Langfühlerschrecken (z. B. die Grillen und Laubheuschrecken, 9000 Arten; Abb. 4). Sie bevölkern alle Wiesen in großer Individuenzahl. Erstaunlich ist ihre Fähigkeit, mit Hilfe von Stridulationsorganen zirpende Töne zu erzeugen – prinzipiell meist dadurch, dass eine Zähnchenreihe über eine scharfe Kante gestrichen wird. Vielleicht noch erstaunlicher jedoch ist, dass die Stridulationsorgane offenbar bei mehreren Gruppen der Heuschreckenartigen unabhängig voneinander entstanden sind, was sich an ihrer sehr unterschiedlichen Lage im Körper zeigt. Grillen und Laubheuschrecken reiben zur Tonerzeugung die Flügel gegeneinander. Viele Feldheuschrecken bewegen ihre Hinterbeine auf und ab und reiben sie dabei an vorstehenden Kanten der Flügel, manche knirschen mit Zähnen an den Mundgliedmaßen oder schnicken mit den Hinterbeinen.

Die erzeugten Töne spielen eine wichtige Rolle bei der Partnerfindung, weshalb es nicht verwundert, dass Heuschreckenartige auch über spezielle Gehörorgane (Tympanalorgane) verfügen. Auch diese Organe sind bei allen Tieren ganz ähnlich gebaut, aber auch sie sind mehrfach unabhängig entstanden: Bei Laubheuschrecken sitzen sie in der Nähe des Kniegelenks der Vorderbeine, bei Feldheuschrecken jederseits im 1. abdominalen Segment.

Feldheuschrecken sind ausschließlich Pflanzenfresser. Bei den Laubheuschrecken findet man sowohl Pflanzen- als auch Fleischfresser, wobei die Verteilung der einzelnen Typen dafür spricht, dass diese Gruppe wohl als Fleischfresser (meist Insekten) begonnen hat und erst die abgeleiteteren Formen zu Pflanzenkost übergegangen sind.

Zur Eiablage besitzen die Weibchen der Langfühlerschrecken einen langen, oft gebogenen und an den Rändern mit Zähnchen oder Höckern besetzten Legeapparat. Er besteht aus längs miteinander verfalzten Fortsätzen des 8. und 9. Abdominalsegments und wird als Ganzes tief in den Erdboden, aber auch in Pflanzengewebe vorgetrieben. Bei den weiblichen Kurzfühlerschrecken sind die einzelnen Bestandteile des Legeapparats kurz und voneinander getrennt, mit oft hakenartig nach außen gebogenen Spitzen. Die Tiere benutzen ihn, um tiefe Löcher in den Erdboden zu graben, in die zur Eiablage ein Großteil des Hinterleibs versenkt wird.

Die Flügel sind bei vielen Arten reduziert (bei den Langfühlerschrecken bleibt dann aber das basal liegende Stridulationsorgan meist erhalten), aber auch normal geflügelte Tiere sind eher wenig fluglustig. Insgesamt zeigen die Kurzfühlerschrecken die besseren Flugleistungen. Zu ihnen gehören einige Arten, die als Wanderheuschrecken berüchtigt und gefürchtet sind. Sie können in riesigen, alle Vegetation vernichtenden Schwärmen auftreten und bei ihren Wanderungen bis zu 300 km pro Tag zurücklegen.

Den (immer noch) sehr großen Rest der Insektenarten kann man in zwei verwandtschaftliche Gruppen einteilen: Paraneoptera und Holometabola.

Paraneoptera

Zu den Paraneoptera gehören Ordnungen, die – neben vielen anderen – auch höchst unerfreuliche Arten enthalten: die Läuse, die Schnabelkerfe (mit den Wanzen) und die Thripse. Ihre Verwandtschaft wird durch ein Detail im Bau der Mundgliedmaßen begründet: die gleichartige Umgestaltung eines Anhangs des Unterkiefers, der Lacinia, zu einer Stechborste und ihre Einsenkung ins Kopfinnere.

Zu den **Läusen** (Psocodea) gehören die Staubläuse (Psocoptera, mit etwa 3000 Arten) und die Tierläuse (Phthiraptera, etwa 12 000 Arten). Staubläuse sind kleine, zarte Tierchen von wenigen Millimetern Größe. Sie führen ein verborgenes Leben. Die meisten ernähren sich von Pilzbewuchs und kommen daher in den verschiedensten feuchten Umgebungen vor, etwa an moosbewachsenen Baumstämmen oder in Spalten unter der Rinde. Auffällig werden sie meist nur, wenn man sie in alten Büchern findet oder – und dann oft massenweise – an feuchten Tapeten in Neubauten.

Die Gruppe der Tierläuse besteht ausschließlich aus parasitischen Arten, die auf der Körperoberfläche von Vögeln und Säugern leben. Durch ihre abgeplattete Form, den außerordentlich festen Panzer und die Ausstattung der Beine mit Haftlappen oder Klammerorganen sind sie bestens dazu eingerichtet, sich im Feder- oder Haarkleid der Wirte aufzuhalten. Bei weitem nicht alle Arten saugen Blut. Die überwiegende Mehrzahl (die Kieferläuse oder Mallophaga) ernährt sich von verhornten Teilen der Haut und ihren Anhängen: von Federn die auf Vögeln vorkommenden Federlinge (Abb. 4), von Haaren die Haarlinge der Säuger. Eher selten nehmen solche Arten auch Blut auf, manche allerdings setzen selber Wunden, von denen sie dann das austretende Blut auflecken. Auffällig ist die Wirtsspezifität der Kieferläuse. Sie muss schon seit Jahrmillionen währen, so dass man geradezu von einer Parallelevolution spricht: Auf verwandten Wirten sitzen meist auch miteinander verwandte Parasiten.

Die Teilgruppe, die die Tierläuse in Verruf gebracht hat, ist die der Echten Läuse (Anoplura). Sie sind durch hochkomplizierte stechende Mundwerkzeuge gekennzeichnet, mit denen sie Blut saugen. Sie kommen ausschließlich auf Säugetieren vor, die meisten auf Nagern und Huftieren. Von manchen Säugergruppen wie Walen, Fledermäusen oder Katzen kennt man keine Läuse, wohl aber vom Menschen, wo drei Arten vorkommen: Kopf-, Kleider- (Abb. 4) und Schamlaus. Entsprechend ihrem Namen bevorzugen sie sehr distinkte Körperregionen. Die Eier werden an Haare geklebt (Nissen). Wirklich beängstigend ist bei einem Befall weniger die Tatsache, einen Parasiten zu beherbergen, als vielmehr die Fähigkeit der Läuse, gefährliche Krankheitserreger zu übertragen (Fleckfieber, Fünftagefieber).

Zu den **Schnabelkerfen** (Hemiptera) gehören zwar als unerfreuliche Art auch die Bettwanzen, aber der große Rest der anderen Arten (insgesamt 86 000) unterhält zu uns Menschen kei-

Abb. 4: Beispiele für Paurometabola (obere 4 Tiere) und Paraneoptera. Als Vertreter der Läuse sind ein Federling und die Kleiderlaus dargestellt, als Vertreter der Schnabelkerfe eine Zikade, eine Blattlaus und zwei Wanzenarten (eine Baumwanze und ein auf der Wasseroberfläche stehender Teichläufer). Nach Bellmann (3 Abb.) aus Honomichl u. Bellmann (1996), Remane u. Wachmann (1993) (1 Abb.), Séguy (2 Abb.) und Russel (1 Abb.) aus Kaestner (1973), Zahradnik (2002) (1 Abb.) und 3 Originalfotos.

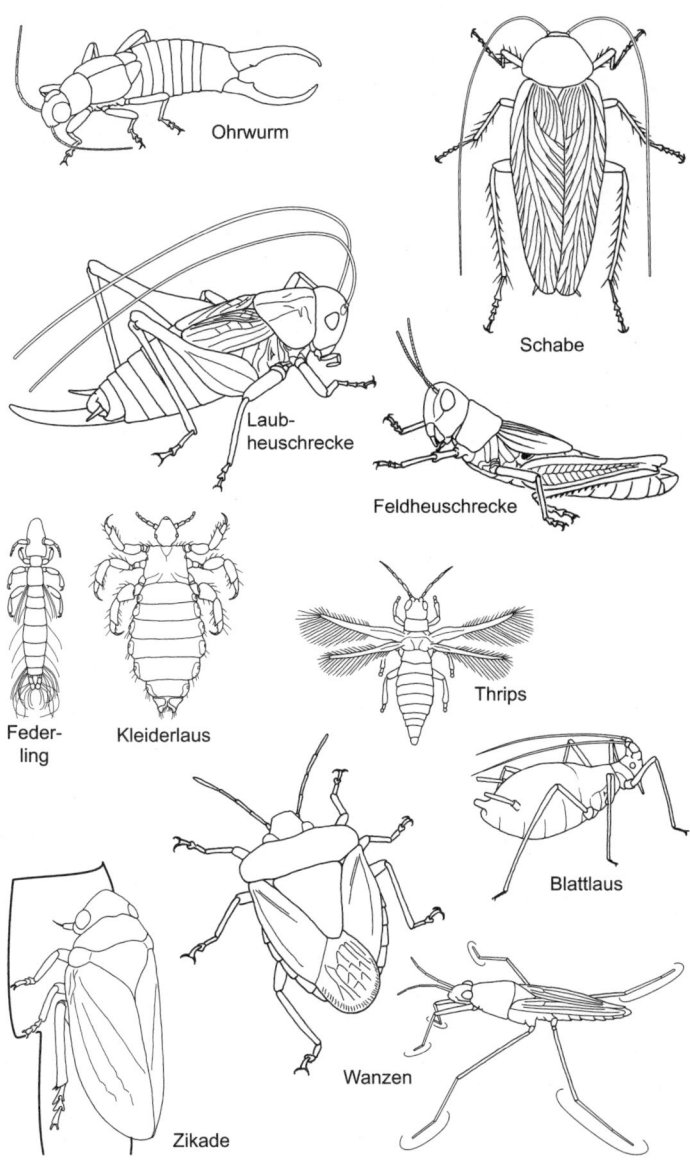

Ohrwurm

Schabe

Laub-
heuschrecke

Feldheuschrecke

Feder-
ling

Kleiderlaus

Thrips

Blattlaus

Zikade

Wanzen

nerlei parasitäre Beziehung. Im Gegenteil, die Schnabelkerfe stellen eine hochinteressante und wegen ihrer oftmals bunten Färbung sehr attraktive Gruppe dar. Gemeinsam ist allen Arten der völlig gleichartige Umbau der Mundgliedmaßen zu einem Stechrüssel, mit dem Pflanzensaft oder Blut gesaugt wird.

Zwei Untergruppen gehören hierher: die Wanzen (Heteroptera) und die Pflanzensauger (Homoptera). Beide lassen sich gut unterscheiden. Der Rüssel setzt bei Wanzen vorn am Kopf an, bei Pflanzensaugern etwa dort, wo man – von unserem Kopf übertragen – vom Kinn sprechen würde; Pflanzensauger haben einen dreieckigen Körperquerschnitt mit dachförmig angelegten Flügeln, Wanzen sind meist flach gebaut; der Vorderflügel schließlich ist bei Wanzen in einen vorderen derben und einen hinteren membranösen Teil gegliedert, während er bei Pflanzensaugern gleichförmig ausgebildet ist.

Die Wanzen (Heteroptera, mit etwa 40 000 Arten; Abb. 4) sind fast weltweit verbreitet, allerdings gibt es die meisten Arten in tropischen und subtropischen Zonen; ausgesprochen kalte Regionen werden gemieden. Sie haben sehr unterschiedliche Lebensräume besiedelt. Die meisten sind trockenheitsliebend, aber z. B. kommen die Spring- oder Uferwanzen (Saldidae) auf feuchtem Untergrund am Rand von Gewässern vor. Nicht wenige, wie die Teichläufer (Gerridae; Abb. 4) oder die Bachwasserläufer (Veliidae), laufen auf der Wasseroberfläche von Teichen und an stillen Randbereichen von Bächen umher, und eine ganze Reihe von Arten, etwa die Rückenschwimmer (Notonectidae) oder die Ruderwanzen (Corixidae), lebt unter Wasser. Die meisten saugen Pflanzensäfte und sind dabei oftmals auf wenige, bestimmte Pflanzen spezialisiert. Die meisten der unter Wasser lebenden Arten allerdings jagen tierische Beute und saugen sie aus, ähnlich wie am Land die Raub- und Sichelwanzen (Reduviidae und Nabidae) oder manche Schildwanzen (Pentatomidae), von denen einige durch das Abtöten von Pflanzenschädlingen nützlich werden.

Fast alle Wanzenarten können aus einer Drüse, die bei Erwachsenen im hinteren Thoraxsegment, bei Larven im Abdomen liegt, ein Sekret freilassen, das artspezifisch aus verschiedenen Stoffen zusammengesetzt ist und meist auch für uns einen ganz charakteristischen Geruch hat. Es dient als sehr wirksames Kontaktgift zur Abwehr von Feinden, bei Bettwanzen z. B. aber auch dazu, andere Artgenossen zu alarmieren und anzulocken.

Die Pflanzensauger (Homoptera) sind Tiere, die sich durchweg von Pflanzensäften ernähren. Zu ihnen gehören die Zikaden (35 000 Arten; Abb. 4) sowie die Blattläuse, Schildläuse, Weißen Fliegen und Blattflöhe (mit jeweils wenigen tausend Arten). Es sind meist wenige Millimeter große, zarte Tiere. Die größten sind die auch im Mittelmeerraum (und in wenigen Arten sogar bei uns) vorkommenden Singzikaden mit bis zu 7 cm Körpergröße. Sie sind bekannt wegen der lauten Töne, die sie erzeugen können, ein langgezogenes, hohes Trillern, das Tag und Nacht zu hören ist. Die Töne werden von den Männchen erzeugt, die dafür vorn im Abdomen einen ganz eigenartigen Apparat, das Trommelorgan, besitzen: Die Körperoberfläche ist dort jederseits als dünne Membran ausgebildet, die durch einen sehr starken Muskel in schneller Folge eingedellt wird und jeweils durch ihre hohe Eigenelastizität wieder zurückspringt. Dadurch entsteht ein Laut wie beim Eindrücken des Deckels einer Bierdose.

Die meisten unserer heimischen Zikaden sind recht unauffällig, entweder weil sie tarnfarben oder weil sie sehr klein sind. Am ehesten bemerkt man die Larven von Schaumzikaden, und zwar an der schaumigen Hülle (Kuckucksspeichel), die sie um sich herum aufbauen. Sie sitzen, den Kopf nach unten gerichtet, saugend an der Futterpflanze, lassen einen Großteil des aufgenommenen Saftes, vermischt mit Eiweißen und in den Exkretionsorganen gebildeten Mucopolysacchariden, aus dem After austreten und schäumen ihn durch Einleiten von Atemluft auf, so dass er das gesamte Tier einhüllt und gegen Feinde schützt.

Blattläuse (Abb. 4) können – im Gegensatz etwa zu den Zikaden – nicht springen, sondern sitzen meist fast unbeweglich an ihrer Futterpflanze. Hinter ihrer Unscheinbarkeit verbergen sich komplizierteste Fortpflanzungsverhältnisse: Übers Jahr treten mehrere Generationen auf, von denen einige geflügelt, andere ungeflügelt sind. Die Weibchen der meisten Generationen pflanzen sich fort, ohne dass sie von Männchen begattet wurden (parthenogenetisch). Männchen treten oft nur im Herbst auf. Erst dann kann eine Weibchengeneration begattet werden, und die von ihr abgelegten, befruchteten Eier überwintern. Noch dazu wechseln viele Arten zwischen einem Winter- und einem Sommerwirt. Schon im Frühjahr werden, von geflügelten Tieren, oftmals krautige Pflanzen besiedelt, und erst im Herbst auftretende Generationen kehren zu dem Winterwirt, meist Bäumen oder Sträuchern, zurück.

Hinter diesen Vorgängen verbergen sich zwei ganz ausgefeilte Strategien: Der Wechsel zwischen Sommer- und Winterwirt erfolgt genau dann, wenn sich die Qualität der Nahrung, vor allem der Anteil stickstoffhaltiger Stoffe, im alten Wirt verschlechtert und der neue Wirt jeweils die bessere Ernährung bietet. Und die parthenogenetische Fortpflanzung gewährleistet in den jeweils günstigen Zeiten eine außerordentlich rasche Vermehrung der Individuenzahlen.

Auch die **Thripse** (Thysanoptera, 4500 Arten; Abb. 4) saugen Pflanzensäfte. Die meisten sind mit etwa 1 mm Körpergröße sehr klein. Wegen der merkwürdigen Form ihrer Flügel heißen sie auch Fransenflügler: Eine sehr schmale Flügelfläche ist an Vorder- und Hinterrand mit langen Randborsten besetzt. Offenbar steht dieser Flügelbau mit der Kleinheit der Tiere in Zusammenhang; man findet ähnliche Flügel nämlich auch bei sehr kleinen Käfern oder Hautflüglern. Wegen ihrer Kleinheit versuchen die Thripse gar nicht, wie ihre größeren Verwandten ein Leitbündel der Wirtspflanze anzustechen, sondern saugen einzelne Zellen aus. Immerhin, sie können ein Getreidefeld in solch riesigen Massen befallen, dass sie schädlich werden. Uns fallen sie eigentlich nur dann auf, wenn sie gegen Ende des Sommers umherfliegen und dann als winzige schwarze Strichlein auf der Haut umherkrabbeln oder sich in großen Mengen auf Fensterscheiben niederlassen.

Holometabola

Den Angehörigen dieser letzten Gruppe der Insekten ist die Holometabolie gemeinsam. Darunter versteht man einen sehr komplizierten Entwicklungsverlauf, der eine deutliche Trennung zwischen den Larvenstadien einerseits und dem Erwachsenenstadium andererseits aufweist. Um sich den Unterschied klarzumachen, muss man nur an Schmetterlingsraupen bzw. Fliegenmaden und erwachsene Schmetterlinge bzw. Fliegen denken. Larven und Erwachsene sehen im Grunde wie völlig verschiedene Tiere aus und besiedeln meist auch völlig unterschiedliche Lebensräume. Der tiefgreifende Umbau zum Erwachsenen wird in einem – meist irgendwo versteckt liegenden – Puppenstadium vollzogen. Zu den Holometabola gehören Insektenordnungen mit riesigen Artenzahlen, zusammen etwa 85 % aller Insektenarten, und es könnte gut sein, dass ihr Erfolg unter anderem auf dieser Trennung in Larven- und Erwachsenenstadium als zwei ganz unterschiedlichen Lebensformtypen beruht.

Ihre riesige Artenzahl haben die Holometabola im Erdmittelalter ausgebildet. Zu den **Käfern** (Coleoptera, Abb. 5), wohl die größte Gruppe unter den Holometabola, rechnet man heute etwa 360 000 Arten. Sicherlich war einer der Gründe für ihre besonders starke Entfaltung – neben der insgesamt sehr harten Panzerung – die besondere Ausbildung der Vorderflügel: Sie sind, zu harten Platten (Elytren) versteift, über den gesamten Hinterkörper gelegt und erhöhen damit den Schutz vor mechanischen Einflüssen ganz erheblich. Die zum Fliegen hauptsächlich eingesetzten Hinterflügel bleiben häutig und werden in Ruhe zusammengefaltet unter den Elytren verborgen.

Aber – nebenbei bemerkt – man darf es sich mit Erklärungen nicht zu leicht machen. Die Kurzflügler (Staphylinidae) etwa stellen unter den Käfern eine der artenreichsten Familien dar, und gerade sie haben die Elytren wieder stark verkürzt. Aber andererseits leben sie in Spalträumen, wo sie sich durch die neu erlangte Biegsamkeit einen Vorteil verschafft haben, der den reduzierten Schutz offenbar aufwiegt.

Die Ernährung der Käfer ist, wie bei einer so großen Gruppe nicht anders zu erwarten, sehr vielfältig. Man findet viele Jäger, etwa unter den Laufkäfern; einige sind ausgesprochene Spezialisten, wie z. B. *Cychrus* (ein Laufkäfer), der Schnecken nachstellt, oder die Marienkäfer (Coccinellidae), die sich von Blattläusen ernähren; andere sind reine Pflanzenfresser wie die Blattkäfer (Chrysomelidae) oder viele im Holz bohrende Arten der Borkenkäfer (Scolytidae) oder die Larven vieler Bockkäfer (Cerambycidae); die Mistkäfer (Geotrupidae) sind Dungfresser, die oftmals den Kot ganz bestimmter Tiere aufsuchen; eine Teilgruppe der Borkenkäfer, die Ambrosiakäfer, verzehren bestimmte Pilze, die sie in besonderen Körperhöhlen mitbringen und die sich an den Wänden der Bohrgänge ansiedeln; viele Aaskäfer (Silphidae) ernähren sich als Erwachsene von Aas und graben Tierleichen als Nahrung für die Larven in den Erdboden ein. Eine besondere Kuriosität stellt die Biberlaus dar (*Platypsyllus*, eine Art der Leptinidae): Sie jagt Milben im Fell des Bibers.

Weit verbreitet ist die Fähigkeit zur Lauterzeugung. So schlagen die Pochkäfer (Anobiidae), die sich durch Bohren in Möbeln oder Holzskulpturen unbeliebt machen, auch für uns hörbar mit dem Kopf auf den Boden ihrer Gänge (die Art *Anobium pertinax* heißt zu deutsch Totenuhr); meist allerdings wird – ähnlich wie bei den Heuschreckenartigen – eine scharfe Kante über eine Zähnchenreihe oder aber, wie bei den Bockkäfern, über eine gerippte Fläche gezogen. Häufig dient dies der Abwehr, manchmal steht die Lauterzeugung mit der Balz in Zusammenhang.

Die **Netzflügler** (Planipennia, 5500 Arten) sind mit zwei weiteren, ebenfalls kleineren Ordnungen eng verwandt: den Schlammfliegen und Kamelhalsfliegen. Es sind durchweg zarte, mittelgroße Tiere mit netzartiger Äderung der Flügel. Bekannt ist die Florfliege (*Chrysopa*, Abb. 5), sowohl als Larve als auch als erwachsenes Tier ein sehr effizienter Blattlausvertilger. Die Larven mancher Arten leben im Wasser. Alle verpuppen sich jedoch an Land und spinnen dazu einen z. T. sehr filigranen Kokon aus einem Sekret, das in den Exkretionsorganen gebildet wird und aus dem After austritt.

Die **Hautflügler** (Hymenoptera, Abb. 5) stellen mit weit über 100 000 bekannten Arten wieder eine der großen Ordnungen der Holometabola dar. Hierher gehören mit den Ameisen, den Honigbienen, Faltenwespen und Hummeln Arten, die in komplexesten Staaten zusammenleben. Ihre Körpergröße schwankt beträchtlich: Die größten erreichen 5 cm Länge, die kleinsten (Zwergwespen, Mymaridae) nur 0,2 mm.

Man unterteilt die Hautflügler in zwei sehr ungleich große Gruppen: Die eine, viel kleinere, ist die der Pflanzenwespen (Symphyta), bei deren Erwachsenen das Abdomen breit am Thorax ansetzt und deren Larven den Schmetterlingsraupen ganz ähnlich sehen und wie diese an Blättern fressen. Die andere, viel größere Gruppe ist die der Apocrita (mit den Stechimmen), die im erwachsenen Körper eine Verengung hinter dem Thorax (Wespentaille) aufweisen. Ein Legeapparat von sehr unterschiedlicher, z. T. beträchtlicher Länge ist bei den Weibchen der Pflanzenwespen und bei einer Vielzahl der Stechimmen ausgebildet. Bei vielen Stechimmen, etwa bei Bienen und Faltenwespen, ist dieser Apparat jedoch mit einer Giftdrüse verbunden und dient nicht mehr der Eiablage, sondern als Giftstachel der Verteidigung (die Eier treten seitlich an der Basis aus). Grab- und Wegwespen benutzen ihren Giftstachel zur Lähmung von Beutetieren, die dann als lebende, aber ungefährliche Nahrung für die Larven in ein Nest eingebracht werden.

Brutfürsorge ist auch bei anderen Gruppen sehr ausgeprägt. So legen die Weibchen der Schlupfwespen (Ichneumonidae) ihre Eier in bestimmte Wirte, meist andere Insekten, in denen sich dann die Jungen entwickeln. Die Weibchen der Wildbienen tragen Nektar und Pollen in ihr Nest und sichern mit ihrer Sammeltätigkeit, genau wie die Honigbienen, vielen Blütenpflanzen durch die dabei gleichsam mit erledigte Bestäubung erst ihre Existenz.

Köcherfliegen (Trichoptera, etwa 7000 Arten) und **Schmetterlinge** (Lepidoptera, 150 000 Arten) gehören verwandtschaftlich eng zusammen. Das drückt sich auch in der Körperform aus: Erwachsene Köcherfliegen sehen kleinen Motten recht ähnlich. Während Schmetterlinge jedoch auf ihrem Körper ein-

schließlich der Flügel einen dichten Besatz mit Schuppen aufweisen, finden sich bei Köcherfliegen ausschließlich Haare auf
der Oberfläche.

Die Larven der meisten Arten der Köcherfliegen leben in ste-
hendem Süßwasser. Sie umgeben sich (daher der deutsche Name
der ganzen Gruppe) mit einem Köcher aus artspezifisch unter-
schiedlichem Material, kleinen Steinchen oder auch Pflanzen-
teilen, aus dem sie vorn herausschauen und mit dem sie langsam
umherwandern und dabei den Untergrund auf Nahrung ab-
suchen. Die erwachsenen Köcherfliegen (Abb. 5) lecken, wenn
sie überhaupt Nahrung aufnehmen, höchstens Flüssigkeiten
wie Wasser und Nektar. Sie sind meist flugunlustig. Bei manchen Arten kommt es aber zu großen Schwärmen, die sich meist
an besonderen Geländemarken bilden und entweder nur aus
Männchen oder aus beiden Geschlechtern bestehen. In jedem
Falle dienen sie dazu, dass sich die Geschlechter leichter finden.

Erwachsene Schmetterlinge sind durch einen oftmals außerordentlich langen Saugrüssel gekennzeichnet, der in Ruhe eingerollt zwischen langen Haaren am Kopf getragen und nur zur
Nahrungsaufnahme gestreckt wird. Nicht weniger charakteris-
tisch ist jedoch der Besatz der gesamten Körperoberfläche ein-
schließlich der Flügel mit Schuppen. Die meist auffallende bunte Musterung der Schmetterlinge beruht wesentlich auf Struktur
und Färbung dieser Schuppen: Rote, gelbe und braune Tönungen werden meist von eingelagerten Farbpigmenten verursacht;
metallisch schillernde Tönungen, oft stahlblau oder goldfarben,
sind Interferenzfarben, die physikalisch durch die besonderen
Brechungseigenschaften der in ihrem Feinbau höchst komplizierten Schuppen entstehen.

Oft spricht man – je nach der Verteilung der Flugaktivität
über den Tag – von Tagschmetterlingen und Nachtschmetterlin-
gen («Motten»), obwohl man damit die verwandtschaftlichen
Verhältnisse nicht richtig wiedergibt. Tagflieger sind z. B. die
Edelfalter (Nymphalidae), Bläulinge (Lycaenidae) und Ritter-
falter (Papilionidae), auch die Dickkopffalter (Hesperiidae). In
der Regel sind es sehr farbenprächtige Tiere, die sich vor allem
optisch orientieren und die Geschlechtspartner an Farbmustern

erkennen. Zum Fliegen brauchen sie eine hohe Körpertemperatur, die sie sich regelmäßig, in der Sonne sitzend, durch Ausbreiten der Flügel verschaffen. Dämmerungs- und Nachtflieger entfalten oft in der ersten Hälfte der Nacht ihre hauptsächlichen Aktivitäten und verbringen den Tag in Verstecken oder, durch Tarnfärbung bestens geschützt, auf entsprechend gefärbten Unterlagen. Die führenden Sinnesorgane bei ihnen, sowohl zur Futter- als auch zur Partnersuche, sind oft die Geruchsrezeptoren auf den Antennen, erst in zweiter Linie die Augen (Nachtfalterblumen sind oft stark duftend und weisen hohe Farbintensität auf, ohne Farbmuster zu zeigen).

Die Flugleistungen der Schmetterlinge sind höchst unterschiedlich. Arten mit breit abgerundeten Flügeln flattern nicht sehr ausdauernd umher. Außerordentlich schnell, ausdauernd und gewandt bewegen sich dagegen die Schwärmer (Sphingidae) mit schlanken, am Vorderrand versteiften Flügeln. Bei der Nahrungsaufnahme verharren sie längere Zeit fliegend vor den Blüten; der Totenkopfschwärmer (*Acherontia atropos*, seine Heimat ist die gesamte äthiopische Region) fliegt in vielen Exemplaren sogar Jahr für Jahr über das Mittelmeer und die Alpen hinweg in Mitteleuropa ein.

Bei verschiedenen Gruppen, vor allem Nachtfliegern, sind Gehörorgane (Tympanalorgane) ähnlich denen der Heuschreckenartigen ausgebildet, an sehr unterschiedlichen Stellen wie im Thorax oder im Abdomen oder sogar in der Basis der Vorderflügel. Meist dienen sie wohl dem Erkennen der Peillaute der Fledermäuse und ermöglichen so ein Ausweichen. Erstaunlich und sehr vielfältig sind auch Lautäußerungen: Bärenspinner (Arctiidae) besitzen ein Trommelorgan ähnlich dem der Zikaden, mit dem das Ortungssystem von jagenden Fledermäusen gestört werden soll; ähnliche Organe in der Flügelbasis bei den Männchen einiger Zünsler (Pyralidae) stimulieren die Geschlechtspartner; verschiedenste Arten besitzen Stridulationsorgane ähnlich denen der Heuschreckenartigen, vermutlich ebenfalls zum Anlocken der Weibchen; der Totenkopfschwärmer kann bei Beunruhigung durch Bewegen von Luft im Vorderdarm fiepende Geräusche erzeugen.

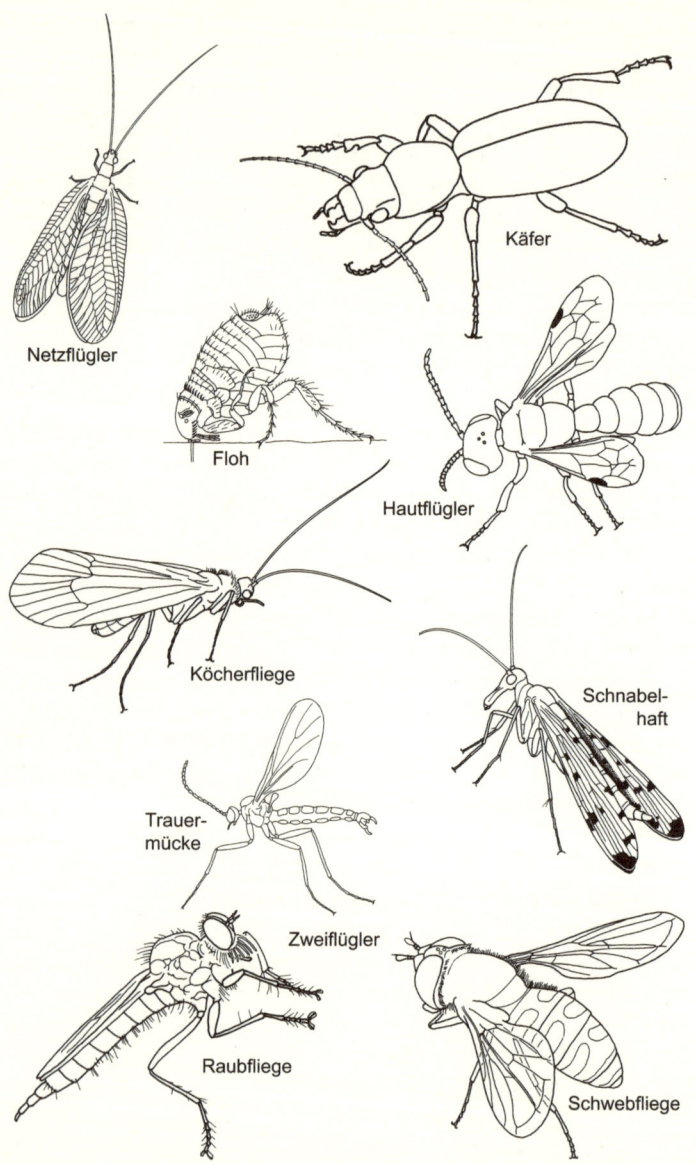

Netzflügler

Käfer

Floh

Hautflügler

Köcherfliege

Schnabel-
haft

Trauer-
mücke

Zweiflügler

Raubfliege

Schwebfliege

An den Schmetterlingen fällt das Prinzip der besonderen Entwicklungsweise bei den Holometabola wohl am ehesten auf: Die Raupen sind vor allem Fressmaschinen, die in mehreren aufeinander folgenden und durch Häutung getrennten Stadien möglichst schnell möglichst viel – überwiegend pflanzliche – Nahrung in sich hineinstopfen und durch nichts die Form des erwachsenen Tiers verraten. An ihrem Körper gibt es weder Andeutungen von Flügeln noch von äußeren Geschlechtsorganen. Erst in der Puppe, die bei Nachtfaltern oft in einem Kokon aus Gespinstseide ruht, wird durch einen vollständigen Umbau die erwachsene Form gebildet und damit ein sich völlig anders verhaltendes Wesen.

Die **Schnabelhafte** (Mecoptera, Abb. 5) bilden eine recht kleine Gruppe von etwa 500 Arten. Ihr Kopf ist lang ausgezogen, was mit einem Saugapparat verwechselt werden könnte. Die vorn sitzenden Mundgliedmaßen sind aber normal kauend-beißend ausgebildet. Die Tiere ernähren sich von toten oder geschwächten Insekten, manche (die Mückenhafte, Bittacidae) fangen auch Insekten im Flug oder indem sie sich, an einem Vorderbein aufgehängt, auf die Lauer legen. Ihre Hinterbeine sind zu klappmesserartigen Gebilden umgebaut, die sie um die Beute schlagen. Eine weitere Gruppe, die Winterhafte (Boreidae), fällt durch eine ungewöhnliche Flugzeit auf: Die Tiere fliegen vom Herbst bis zum Frühjahr an windgeschützten Waldrändern; bei Tauwetter findet man sie sogar auf Schnee. Die Larven aller Schnabelhafte sind raupenähnlich. Sie leben auf oder im Boden und ernähren sich von Moos (Winterhafte) oder toten Insekten.

Wahrscheinlich sind die **Flöhe** (Siphonaptera, Abb. 5) mit den Schnabelhaften eng verwandt. Allerdings ist diese Verwandtschaft schwer zu erkennen (und noch immer etwas zweifelhaft),

Abb. 5: Beispiele für Holometabola: ein Laufkäfer als Vertreter der Käfer, eine Florfliege (Netzflügler), eine Knotenwespe (Hautflügler), eine Köcherfliege, eine Skorpionsfliege (Schnabelhafte), ein Katzenfloh und 3 Vertreter der Zweiflügler. Nach Wachmann et al. (1995) (1 Abb.), Wenk (1 Abb.) und Freeman (1 Abb.) aus Honomichl (1998) und 6 Originalfotos.

da die Flöhe im Zusammenhang mit ihrer parasitischen Lebensweise an Vögeln und Säugern eine extrem stark abgewandelte
Gruppe darstellen. Die mehr als 2000 Arten sind meist 2–3 mm
groß und mit rückgebildeten Flügeln, einem stark seitlich zu-
sammengedrückten Körper, sehr fester Körperbedeckung und
nach hinten gerichteten, kräftigen stachelartigen Auswüchsen
und Haaren bestens dafür eingerichtet, durch das Haar- bzw.
Federkleid des Wirts zu schlüpfen. Viele Arten haben ein aus-
geprägtes Sprungvermögen entwickelt (bis zu 30 cm weit), vor
allem solche, deren bevorzugte Wirte langbeinig und schnell
sind oder aber große Bauten bewohnen (dann gelingt der Wirts-
wechsel leichter).

Erwachsene Flöhe saugen Blut, wobei sie wenig wählerisch
sind und verschiedenste Wirte befallen können. Am Menschen
saugt z. B. nicht nur der Menschenfloh (*Pulex irritans*, der ursprünglich wohl auf dem Dachs heimisch war), sondern u. a.
der Katzenfloh (*Ctenocephalides felis*), aber auch der Hühner-
floh (*Ceratophyllus gallinae*, der zunächst auf Kleinvögeln
vorkam und erst sekundär auf die eingeführten Haushühner
überging). Eher schon gibt es Zusammenhänge zwischen den
befallenen Wirten und den Entwicklungsmöglichkeiten für die
Flohlarven. Die Larven nämlich, schlanke Tierchen von bis zu
5 mm Körperlänge, leben von organischen Stoffen am Boden,
oft im Nest der Wirte der Erwachsenen. Entsprechend gibt es
die gleiche Flohart oft an verschiedenen Wirten mit ähnlichem
Nestbau oder an verschiedenen Arten, die das gleiche Nest bewohnen (der Kaninchenfloh *Spilopsyllus cuniculi* saugt als Er-
wachsener auch an Sturmvögeln, die in Kaninchenbauten brü-
ten). Der Kot der erwachsenen Flöhe enthält unverdautes Blut.
Er sammelt sich, z. B. auch bei Katzen, an den Lagerplätzen des
Wirts auf dem Boden an und stellt dann für die Larven eine
wichtige Nahrungsquelle dar.

Für viele erwachsene Flöhe ist eine erstaunliche Empfindlichkeit für den physiologischen Zustand des Wirts belegt. So
saugen Menschenflöhe bevorzugt an Frauen, weil sie auf deren
Sexualhormone ansprechen. Flöhe springen sofort vom Wirt
weg, wenn dieser von einem Räuber ergriffen wird – eine Reak-

tion auf den sofortigen Adrenalinanstieg im Wirt und den nachfolgenden Temperaturabfall in der Haut.

Traurige Berühmtheit haben mehrere Arten von Flöhen (und die Menschen, die dies lange Zeit nicht durchschaut hatten) dadurch erlangt, dass sie die bei Nagern heimische Pest übertragen können. Hunde- und Katzenfloh übertragen den Bandwurm *Dipylidium caninum*: Die Flohlarve nimmt die Bandwurmeier mit der Nahrung auf, und die im erwachsenen Floh sich entwickelnde Finne wird beim Zerbeißen des Flohs verschluckt.

Die **Zweiflügler** (Diptera) unterteilt man in zwei große Gruppen: «Mücken» (mit langen, vielgliedrigen Antennen; Abb. 5: Trauermücke) und «Fliegen» (mit kurzen, oft klöppelartigen Antennen; Abb. 5: Raub- und Schwebfliege). Die Stechmücken (Culicidae) und die Stubenfliegen (Muscidae) sind bekannte Vertreter beider Gruppen. Allen gemeinsam ist ein hochinteressanter Umbau der Hinterflügel zu kleinen Schwingkölbchen (Halteren), die etwas ganz anderes tun, als für Auftrieb beim Fliegen zu sorgen: Mit ihrer Hilfe misst ein Zweiflügler, indem die Halteren nach wie vor ähnlich wie Flügel bewegt werden, Lageveränderungen des Körpers während des Fliegens. Die Flugleistung wird allein von den Vorderflügeln erbracht, dies aber ganz hervorragend: Die schnellsten und gewandtesten Flugkünstler aller Insekten gehören zu den Fliegen.

Die erwachsenen Tiere dieser riesigen Ordnung (120 000 Arten) sind außerordentlich vielgestaltig. Ihre Nahrung besteht ausschließlich aus flüssigen oder durch Speichel verflüssigten Stoffen. Viele, z. B. Schwebfliegen (Syrphidae) und Wollschweber (Bombyliidae), lecken oder saugen Nektar und sind dadurch wichtige Bestäuber für die besuchten Pflanzen. Viele aber saugen Blut wie die Weibchen von Kriebelmücken (Simuliidae) und Stechmücken (Culicidae), die eine Blutmahlzeit für die Entwicklung der Eier benötigen. Beide Familien befallen durchaus nicht nur den Menschen, sondern auch andere Wirbeltiere, vorzugsweise wohl Warmblütler, Stechmücken, aber auch Reptilien und Amphibien. Viele, wie etwa die Tanzfliegen (Empididae) oder die Raubfliegen (Asilidae), haben sich auf das Aussaugen anderer Insekten spezialisiert.

Die Larven leben, oft in großer Arten- und Individuenzahl, in den unterschiedlichsten Umgebungen, viele im Wasser oder im Boden (in 1 m² Waldboden können bis zu 20 000 Individuen vorkommen). Die meisten leben von zerfallenden organischen Stoffen. Viele jedoch kommen parasitär in Pflanzen oder tierischen Wirten vor. Dasselfliegen (Oestridae) z. B. entwickeln sich in Huftieren. Die Weibchen fliegen die Wirte an, erzeugen dabei, wohl ausgelöst durch den Flugton, manchmal panikartige Reaktionen, verfolgen den Wirt aber und kleben Eier ins Fell oder spritzen die Eier oder, von Art zu Art unterschiedlich, schon geschlüpfte Larven in die Nüstern. Die Larven bohren sich in die Haut oder in die Nasenschleimhaut ein und entwickeln sich dort, manche nach langen Wanderungen durch den Körper.

Die Larven vieler Fliegen sind durch eine tiefgreifende Umbildung des Kopfbereichs gekennzeichnet. Die Kopfkapsel ist bei ihnen gänzlich aufgelöst und der Kopf in den Thorax eingezogen, die Mundgliedmaßen zu einem Paar dunkler Haken ausgeformt, mit denen die Nahrung in den Pharynx eingezogen wird («Maden»).

Im Korsett – und trotzdem beweglich

Gepanzerte Teile und ihre Verbindungen

Das harte Außenskelett der Insekten ist ein idealer Schutz vor äußeren Einflüssen. Wie aber kann ein gepanzerter Körper beweglich bleiben? Das Abdomen z. B. muss sich während der Atembewegungen erweitern können und außerdem verlängerbar und biegsam sein (man beachte in Abb. 6, links, wie das Männchen einer Feldheuschrecke beim Kopulieren von oben seitlich um das Weibchen herumgreifen muss, um schließlich seinen Penis von ventral einführen zu können).

Bei näherem Hinsehen ergibt sich, dass nur einzelne Bereiche der Oberfläche eines Insekts als steife Platten ausgebildet sind. Sie werden Sklerite genannt. Dazwischen finden sich biegsame und dehnbare membranöse Zonen, die gewährleisten, dass die einzelnen Sklerite gegeneinander bewegt werden können.

Nun setzen aber Membranen die Schutzfunktion des Außenskeletts herab. Mehr Beweglichkeit oder mehr Schutz – die Insekten sind im Laufe der Evolution zu einer sehr sinnvollen Antwort auf diese gegensätzlichen Anforderungen gelangt: Es wer-

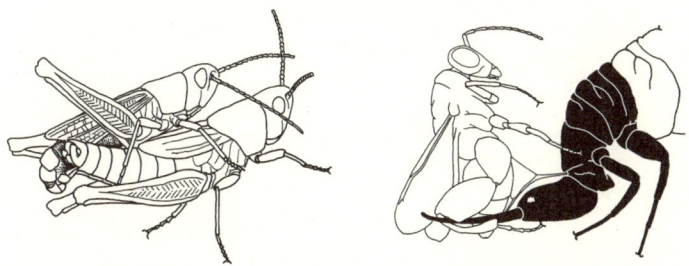

Abb. 6: Links: Feldheuschrecken bei der Paarung. Männchen oben. Nach einem Originalfoto. Rechts: Die Erzwespe *Lasiochalcidia pubescens* lässt sich von einem Ameisenlöwen (schwarz) ergreifen und platziert in dieser Position ein Ei in seine Halshaut. Nach Askew aus Honomichl (1998).

den nur so wenige Membranen wie unbedingt nötig gebildet, und die werden, so gut es geht, versteckt.

Nebenbei bemerkt gibt es natürlich trotzdem Fressfeinde und Parasiten, die ausgeklügeltste Techniken entwickelt haben, um an die weichen Membranen heranzukommen. Die Erzwespe *Lasiochalcidia pubescens* beispielsweise lässt sich von einem Ameisenlöwen, der Larve der Ameisenjungfer (*Myrmeleon formicarius*), wie ein Beutetier ergreifen, nur um dadurch direkt an den Kopf der Larve zu gelangen, von wo aus sie mit ihrem Legebohrer in die dünne Halshaut einstechen und ein Ei ablegen kann (Abb. 6, rechts).

In den einzelnen Tagmata des Körpers sind die Membranen sehr unterschiedlich ausgebildet:

Eine Kapsel als Kopf und ein Schuppenpanzer um das Abdomen

Die sklerotisierten Zonen der (wahrscheinlich 6) Segmente, aus denen der Kopf zusammengesetzt ist, sind z. B. vollständig miteinander verschmolzen, so dass eine sehr feste Kapsel entsteht. Aber nur dadurch wird der riesigen Kaumuskulatur, die großflächig an der Innenseite der Kapsel ansetzt, der nötige Widerstand entgegengesetzt. Und es genügt ja auch, den Kopf als Ganzes zu bewegen.

Das Abdomen dagegen erhält seine vielfältigen Bewegungsmöglichkeiten dadurch, dass Sklerite nur am Rücken und auf der Bauchseite ausgebildet werden (Abb. 7). An allen Segment-

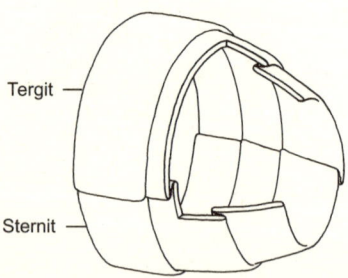

Tergit —

Sternit —

Abb. 7: Die Sklerite des Abdomens. Original.

grenzen und den beiden Körperseiten sind sie durch membranöse Zonen voneinander getrennt, so dass Streckung, Biegsamkeit und Erweiterung des Abdomens möglich werden.

Der Trick, mit dem trotz dieser vielen Membranen nach
außen hin eine lückenlose, feste Hülle erreicht wird, ist derselbe
wie beim Panzer der alten Ritter: Die einzelnen Sklerite überlap-
pen sich dachziegelartig, wodurch die verletzlichen Membranen
unter die Ränder der Sklerite eingeklappt werden.

Scharniergelenke in den Beinen

Die Ausbildung langer Laufbeine ermöglicht den Insekten eine
schnelle Fortbewegung. Aber gerade wegen der festen Umhüllung auch der Beine ist ihre Bewegung, genau besehen, gar nicht
so einfach zu verstehen. Laufbeine setzen sich aus gegeneinander beweglichen Gliedern zusammen, wobei jedes Glied eine
Art Rohrstück darstellt. An einer Verbindungsstelle muss also
auf jeden Fall eine ringsum verlaufende Gelenkmembran vorhanden sein. Wie aber können die Glieder dann bei einer Bewegung sicher geführt werden?

Die am häufigsten auftretende Lösung ist ein Scharniergelenk
(Abb. 8, links): Zwischen den Gliedern werden, an gegenüber-
liegenden Seiten, zwei Abstandshalter ausgebildet. Jeder besteht
aus zwei stark sklerotisierten, zapfenartigen Vorsprüngen der
aneinander stoßenden Beinglieder, von denen der eine mit einer
Kugel in einer pfannenähnlichen Bildung des anderen liegt.
Jeder Abstandshalter stellt für sich allein genommen so etwas
wie ein Kugelgelenk dar. Beide zusammen legen jedoch eine
Gelenkachse fest, um die das körperfernere Glied eine schwin-
gende Bewegung ausführen kann.

Diese Bewegungsmöglichkeit ist weniger, als man für nötig
halten würde. So muss sich der Oberschenkel eines Insekten-
beins für das normale Laufen sowohl vor und zurück, als auch
auf und ab bewegen können. Eine Eidechse etwa muss ihren
Oberschenkel genauso bewegen können, aber die Wirbeltiere
haben es einfacher: Sie bilden ein Kugelgelenk zwischen Ober-
schenkelknochen und Becken aus. Für Insekten mit ihren Schar-

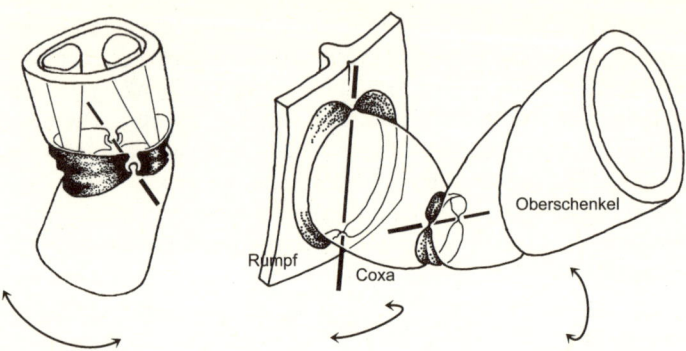

Abb. 8: Scharniergelenke zwischen Beingliedern. Links: Prinzipieller Bau. Rechts: Die Coxa als Kardangelenk zwischen Rumpf und Oberschenkel. Original.

niergelenken scheint die Lösung des Problems komplizierter zu sein.

Trotzdem ist die Antwort verblüffend einfach. Sie ähnelt dem in der Technik angewandten Prinzip des Kardangelenks (Abb. 8, rechts). Zwischen Rumpf und Oberschenkel ist ein weiteres, aber nur kurzes Beinglied eingefügt, die Coxa. Sie bildet einerseits zum Rumpf und andererseits zum Oberschenkel je ein Scharniergelenk aus, jedoch mit um 90° gegeneinander verdrehten Achsen. So kann die Coxa gegen den Rumpf vor und zurück bewegt werden und der Oberschenkel gegen die Coxa auf und ab – was dem Oberschenkel die benötigte Bewegungsfreiheit gibt.

Ein Verbundwerkstoff macht's möglich

Die Körperbedeckung der Insekten weist einige sehr bemerkenswerte Eigenschaften auf. Sie ist in den Skleriten steif, an Gelenkstellen aber biegsam; zusätzlich schützt sie den Körper vor Verdunstung und gegen chemische Einflüsse. Man darf sich fragen, wie der feinere Bau dieses Wunderwerks aussieht.

Morphologen bezeichnen die Körperbedeckung der Insekten als Cuticula, womit ganz allgemein eine Abscheidung der Epidermis nach außen gemeint ist. Technisch gesehen, ist die Cuticula der Insekten ein Verbundwerkstoff, eine Kombination verschiedenster Stoffe. Etwa zur Hälfte besteht sie aus Chitin, einem im Tierreich weit verbreiteten Molekül (einem Poly-N-Acetylglucosamin). Der Großteil der restlichen Substanz setzt sich aus einer Vielzahl (50–100) verschiedener Proteine zusammen.

Die verschiedenen Bestandteile der Cuticula bewirken Unterschiedliches. Die Chitin-Moleküle sorgen im Wesentlichen für Reißfestigkeit. Sie sind langgestreckt und in vielen Schichten angeordnet. Innerhalb einer Schicht liegen sie parallel zueinander, von Schicht zu Schicht jedoch mit etwas anderer Richtung, so dass – ähnlich wie bei einem Textilgewebe – insgesamt eine zwar reißfeste, aber keinesfalls starre Struktur entsteht.

Die gesamte Cuticula hat, wenn sie z. B. während einer Häutung neu gebildet wird, zunächst diesen weichen, membranösen Charakter (Abb. 9, linke Hälfte). Wo sie starr werden soll, kommen ihre anderen Bestandteile ins Spiel: Unter Luftzutritt entstehen Chinone, die wahrscheinlich die eingelagerten Proteine miteinander vernetzen und so die nötige Starrheit erzeugen. An Tieren, die frisch aus der Cuticula des vorherigen Stadiums geschlüpft sind, kann man dies verfolgen: Die zunächst hellen und weichen Tiere strecken sich und härten erst innerhalb von 1–2 Stunden durch, wobei sie ihre endgültige Färbung erhalten.

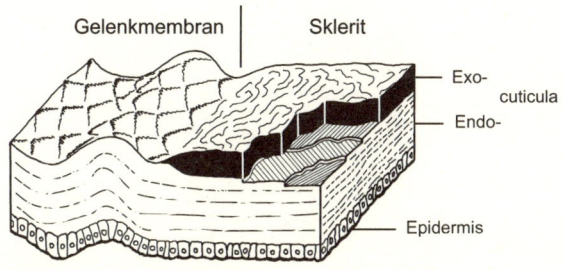

Abb. 9: Feinerer Bau der Cuticula. Links ist eine membranöse Zone dargestellt, rechts ein Sklerit, dessen Steifigkeit durch die Sklerotisierung in der Exocuticula (schwarz) erreicht wird. Nach Weber u. Weidner (1974).

Erstaunlicherweise erfasst die Härtung (man spricht von Sklerotisierung) durchaus nicht die Cuticula in ihrer gesamten Dicke (Abb. 9, rechte Hälfte). Eine innere Schicht (Endocuticula) bleibt unverändert, und nur eine – oftmals relativ dünne – äußere Schicht (Exocuticula) sorgt für die Steifigkeit der Sklerite. Eine noch viel feinere Schicht bewirkt die Undurchlässigkeit der Cuticula für Wasser, was den Insekten erst das Leben auf dem Land ermöglicht: eine sehr dünne Auflage an der Außenseite (die Epicuticula), die unter anderem eine Lage aus Wachs als Schutz gegen Wasserverlust enthält.

Der Thorax:
Flugapparat für 500 Schläge pro Sekunde

Fliegen am Rande des Absturzes

Der Flugapparat der Insekten stellt eine Einzigartigkeit im gesamten Tierreich dar. Seine Funktionsweise ist noch bei weitem nicht richtig verstanden, weit weniger als der von segelnden Vögeln etwa, der im Prinzip in unseren Flugzeugen nachgebaut wird. Ein Vogelflügel ist gewölbt und zwingt allein durch sein Profil die Luft auf seiner Oberseite auf einen längeren Weg, wodurch dort Unterdruck und damit Auftrieb entsteht. Insektenflügel dagegen sind flach wie ein Blatt Papier (abgesehen von einer Fältelung, die wohl vor allem der Stabilität dient). Wie kann man damit fliegen? Unter Zoologen kursiert ein gehässiges Wort über Ingenieure und deren Einblick in Naturvorgänge, das auf eine – falsche – Berechnung der Auftriebskraft des Insektenflügels in den 30er Jahren zurückgeht: Hummeln dürften nach Meinung der Ingenieure eigentlich gar nicht fliegen können – Gott sei Dank wissen sie es nicht.

Inzwischen ist den Aerodynamikern sehr wohl klar, was da falsch gemacht wurde. Der Insektenflügel war als starres Gebilde betrachtet worden. Da er in Wirklichkeit jedoch rasend schnell auf und ab geschlagen wird, erzeugt er schnell veränderliche Strömungsmuster, die ganz anders berechnet werden müssen.

Die Schnelligkeit der Flügelbewegung ist in der Tat erstaunlich. Insekten, die zehn- bis dreißigmal pro Sekunde mit ihren Flügeln schlagen, gelten geradezu als behäbig (aber schon diese Frequenz können wir mit der Hand nicht mehr nachahmen). Bei den wirklich guten Fliegern, vor allem den Hautflüglern und Zweiflüglern, sind schier unglaubliche Zahlen gemessen worden: 400–500 Schläge pro Sekunde sind keine Seltenheit, Spitzenwerte liegen bei 1000 Flügelbewegungen pro Sekunde!

Zusätzlich wird der Flügel in komplizierter Weise um seine Längsachse verwunden. Während des Abschlags weist seine Unterseite ganz normal nach unten. Erreicht er jedoch den unteren Umkehrpunkt, so wird er fast vollständig umgedreht. Seine Unterseite zeigt während des folgenden Aufschlags also nach oben – bis der Flügel am oberen Umkehrpunkt wieder ganz schnell zurückgedreht wird.

Erste Modellbauten haben zur großen Verblüffung der Experten gezeigt, dass bei solch komplizierten Bewegungen die merkwürdigsten Strömungsverhältnisse entstehen. Der Abschlag des Flügels etwa (er scheint etwas klarer durchschaubar zu sein als der Aufschlag) suggeriert den Eindruck, dass sich ein Insekt andauernd am Rande des Abstürzens befindet:

Während des Abschlags bildet sich nämlich auf der Oberseite des Flügels entlang der gesamten Vorderkante ein Wirbel (Abb. 10, links). Durch die schnelle Luftbewegung in ihm sorgt er zwar für erheblichen Auftrieb, allerdings nur sehr kurzzeitig. Piloten fürchten die Entstehung von Wirbeln wie der Teufel das Weihwasser, denn sie lösen sich, einmal entstanden, im nächsten Moment ab, so dass die Luftströmung der Oberseite des Flügels nicht mehr folgen kann und also der Auftrieb plötzlich ganz fehlt. Insekten jedoch haben, noch bevor dies passieren kann, dank ihrer schnellen Flügelbewegung längst den unteren Um-

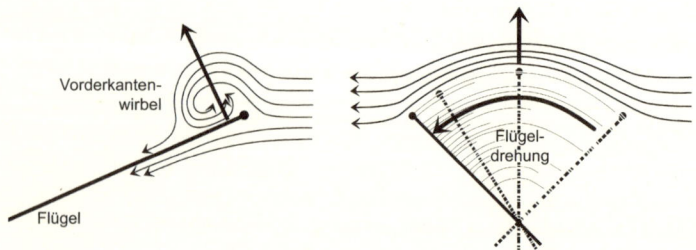

Abb. 10: Luftströmung am Insektenflügel. Flügel im Querschnitt, Vorderkante durch schwarzen Kreis markiert; Flugrichtung nach rechts. Die dicken, nach oben zeigenden Pfeile stellen jeweils die Auftriebskraft dar. Links: Flügel beim Abschlag. Rechts: Flügeldrehung am unteren Umkehrpunkt. Die Unterseite weist während des folgenden Aufschlags nach oben. Nach Dickinson (2001).

kehrpunkt des Flügelschlags erreicht und drehen den Flügel um. Und entgehen damit nicht nur dem Absturz, sondern erzeugen zusätzlichen Auftrieb, weil sich ihr Flügel während der Drehung wie ein unterschnittener Tennisball verhält, dessen Oberseite die Luft (in Flugrichtung gesehen) nach hinten mitreißt und daher noch schneller macht (Abb. 10, rechts).

Über einen Topf mit zu kleinem Deckel – der Bau des Flugapparats

Der Apparat, mit dem die Insekten die notwendigen schnellen Flügelbewegungen zustande bringen, muss einen ganz besonderen Bau aufweisen. Um es vorweg zu sagen: Hier darf man in Superlativen schwelgen. Das Flügelgelenk ist das komplizierteste Gelenk und die Flügelmuskeln sind die leistungsfähigsten Muskeln im ganzen Tierreich.

Als erstes, ganz grobes Modell kann man sich einen Topf mit einem etwas zu kleinen Deckel vorstellen. Der Topf würde den seitlichen und ventralen Teilen eines flügeltragenden Segments entsprechen, der zu kleine Deckel dem Tergum (womit man den gesamten sklerotisierten dorsalen Bereich meint). Die Flügel, so muss man sich weiter vorstellen, hängen beweglich an den Rändern des Deckels und liegen, weil dieser ja zu klein ist, den Seitenwänden des Topfs auf.

Die Wirklichkeit sieht natürlich etwas anders aus: Die Flügel liegen – schon um die Verwindung um die Längsachse zu ermöglichen – den Seitenwänden gar nicht breit auf. Jede Seitenwand des Körpers bildet vielmehr einen frei nach oben stehenden Zapfen (den Flügelgelenkkopf), auf den sich der Flügel mit einer kleinen Vertiefung in seiner Unterseite, also nur punktuell, auflegt.

Wenn nun der Flügel immer schön auf dem Flügelgelenkkopf liegen bleibt, so schwingt seine Spitze auf und ab, wenn der Deckel, also das Tergum des Segments, in umgekehrter Weise ab und auf bewegt wird – mit dem Auflagepunkt des Flügels auf dem Flügelgelenkkopf als Drehpunkt (Abb. 11). Der Witz der ganzen Vorrichtung ergibt sich daraus, dass der Ansatz des Flü-

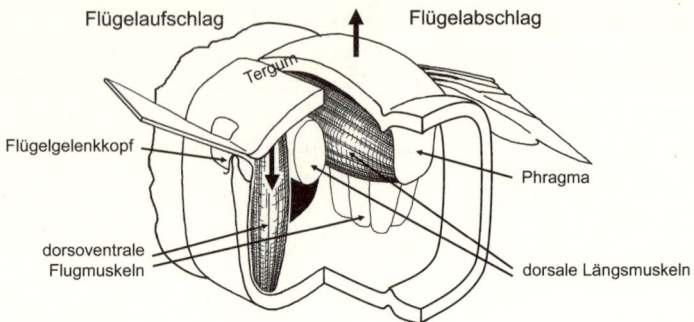

Abb. 11: Mechanik der Flügelbewegung. Zum direkten Vergleich von Aufschlag und Abschlag des Flügels ist ein flügeltragendes Segment längsgeteilt gedacht. In der linken Hälfte ist der Flügelaufschlag, in der rechten der Abschlag dargestellt. Durch Senken (links) und Heben (rechts) des Tergums wird der Flügel um den Flügelgelenkkopf gedreht. Kontrahierte Muskeln jeweils schraffiert. Original.

gels am Tergum und sein Auflagepunkt sehr nah beieinander liegen: Das Tergum muss daher nur um eine Winzigkeit bewegt werden, um an der Spitze des Flügels einen großen Ausschlag zu erzeugen.

Diese winzigen Bewegungen des Tergums werden von riesigen Muskeln verursacht, die fast die gesamten flügeltragenden Segmente ausfüllen.

Für die Abwärtsbewegung des Tergums ist eine Gruppe von Muskeln (die dorsoventralen Flugmuskeln) zuständig, die unter dem Tergum breitflächig ansetzen und im Körper nach unten verlaufen, so dass sie das Tergum bei ihrer Kontraktion nach unten ziehen (Abb. 11, linke Hälfte). Aber nebenbei und um zu demonstrieren, dass am Flugapparat der Insekten eigentlich nichts leicht verständlich ist: Einige dieser Muskeln ziehen in die Laufbeine und können diese ebenfalls bewegen, so dass gar nicht mehr klar ist, wann ein solcher Muskel nun am Tergum und wann an den Beinen zieht – gleichzeitig jedenfalls passiert es nicht, sonst würden die armen Kerlchen beim Fliegen auch noch laufen müssen und umgekehrt …

Die Aufwärtsbewegung des Tergums (Abb. 11, rechte Hälfte) ist schwieriger zu verstehen. Dazu muss man wissen, dass sich vom Tergum aus vorn und hinten große, feste Platten, die Phragmata (Sg. Phragma), in den Körper einsenken. Zwischen diesen Platten verlaufen, längs durch das Segment, weitere Bündel von großen Muskeln, die dorsalen Längsmuskeln, die bei ihrer Kontraktion beide Platten einander annähern und dabei das Tergum hochwölben – was den Abschlag der Flügelspitze bewirkt.

Auffällig ist, dass alle diese Muskeln gar nicht direkt am Flügel ansetzen, sondern das Tergum bewegen. Man spricht von ihnen als den indirekten Flugmuskeln. Dass sie so riesig ausgebildet sind, hat unter anderem einen Grund darin, dass sie große Kräfte entfalten müssen: Stellt man sich den Flügel als zweiarmigen Hebel vor, der sich um den Auflagepunkt auf dem Flügelgelenkkopf dreht, so wird klar, dass alle diese Muskeln ausgerechnet auf den (sehr) kleinen Hebelarm einwirken. Andererseits ist es nur dadurch möglich, mit sehr kleinen Bewegungen des Tergums auszukommen, so dass die Muskeln sich nur sehr wenig kontrahieren müssen – und das wiederum ist eine Voraussetzung für ihre große Schnelligkeit.

Das Topf-Deckel-Modell lässt natürlich viele wichtige Fragen offen. Zum Beispiel die, was eigentlich während der Aufwärtsbewegung des Deckels den Flügel auf dem Topfrand festhält (wo er nur locker aufliegt), so dass er wirklich – gegen den Widerstand der Luft – abschlagen kann!? Oder die, was eigentlich die Flügelfläche während des Schlages verwindet (Sie erinnern sich an den unterschnittenen Tennisball?).

All dem nachzugehen, führt wohl zu sehr in unübersichtliche Details. Ein Schmankerl sei aber noch angefügt: die Gangschaltung der Fliegen.

Diese hervorragenden Flugkünstler haben an der Unterseite des Flügels nicht nur (wie oben beschrieben) eine einzige Vertiefung, mit der der Flügel aufliegt, sondern gleich daneben, etwas weiter außen, noch eine zweite. Liegt der Flügel mit der äußeren Vertiefung auf, so wird der winzige körpernahe Hebelarm, auf den die Flugmuskeln einwirken, wenigstens ein bisschen länger. Dadurch muss zwar das Tergum etwas mehr angehoben und gesenkt werden, aber es ist etwas weniger Kraftaufwand nötig.

Das erinnert sehr an den 1. Gang eines Autos, und in der Tat starten die Fliegen mit dieser Vertiefung. Wenn sie in Fahrt gekommen sind, wechseln sie zum höheren Gang – sie legen den Flügel mit der körpernäheren Vertiefung auf. Denken Sie daran beim nächsten Zerquetschen einer Fliege!?

Wohin mit dem zweiten Flügelpaar?

Nicht minder erstaunlich ist, wie die Insekten in ihrer Evolution mit der Zahl der Flügel umgegangen sind. Zunächst waren, am mittleren und hinteren Thoraxsegment, zwei Paar Flügel entstanden, wohl im Zusammenhang mit der Notwendigkeit, eine große Flügelfläche zu erzeugen, und man stellt sich (weil's einfacher erscheint) vor, dass beide Paare zunächst so gut wie unabhängig voneinander bewegt wurden.

Noch heute zeigen etwa die Heuschrecken oder die Libellen diesen Zustand – ohne dass man allerdings den Eindruck haben müsste, dass sie mit ihrem alten Erbe schlecht bedient wären. Es gibt immerhin Wanderheuschrecken, die Hunderte von Kilometern im Flug zurücklegen, und ein geradezu reißender Flug und abenteuerliche Flugmanöver befähigen Libellen dazu, Beute im Flug zu ergreifen.

Trotzdem scheinen Insekten (vielleicht, wenn sie kleiner sind und gleichzeitig die Flügel schneller bewegen können) davon zu profitieren, die Zahl der Flügel auf ein Paar zu reduzieren. Jedenfalls haben viele Insekten nur zwei Flügel – und viele tun wenigstens so.

Alle Zweiflügler haben das hintere Flügelpaar vollständig von der Aufgabe entbunden, Auftrieb zu erzeugen, und fliegen ausschließlich mit den Vorderflügeln. Andere Insektengruppen sind auf dem Weg zur Zweiflügligkeit nicht ganz so radikal vorgegangen. Wanzen etwa, aber auch Hautflügler (Abb. 12) besitzen noch alle vier Flügel, sie benutzen sie jedoch wie ein einziges Paar, indem sie sie aneinander koppeln (z. B. greift eine Zähnchenreihe am Vorderrand des Hinterflügels in eine Rinne am Hinterrand des Vorderflügels) und gleichzeitig bewegen. Man spricht geradezu von funktioneller Zweiflügligkeit.

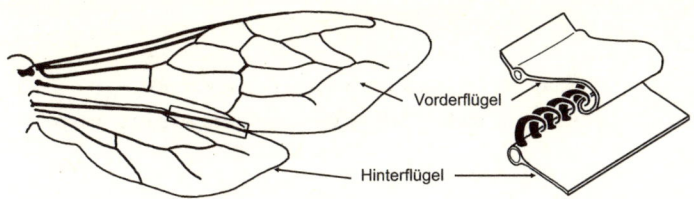

Abb. 12: Links: Die beiden Flügel der rechten Körperseite einer Honigbiene (*Apis mellifera*). Das Rechteck markiert die Zone, in der beide Flügel gekoppelt sind. Rechts eine vergrößerte Darstellung des Kopplungsmechanismus. Linke Abb. nach Weber u. Weidner (1974), rechts Original.

Hautflügler wie die Bienen tun ein Übriges: Bei ihnen sind die Hinterflügel viel kleiner und passen sich so an die Vorderflügel an, dass die beiden Flügel einer Seite zusammen wie ein einziger großer Flügel aussehen – für Biologiestudenten, die beim Bestimmen von Insekten die Flügel zählen müssen, ein steter Stolperstein.

Tracheen: Ein Luftatmungssystem –
und wie es auch unter Wasser eingesetzt wird

Von Luftschläuchen und der Schwierigkeit,
sie zu belüften

Das Atmungsorgan der Insekten besteht aus den Tracheen, einem komplizierten System von luftgefüllten Schläuchen, die von den seitlichen Bereichen der Segmente aus ins Innere des Körpers wachsen, sich bis in die hintersten Winkel des Körpers vielfach verzweigen und dann blind enden (Abb. 13). Mit ihren feinsten Enden reichen sie an alle Gewebe im Körper heran – keine Körperzelle ist allzu weit von einem der unzähligen Tracheenenden entfernt.

Das ist ganz anders als in unserem eigenen Körper, wo die Lunge ein kompaktes Atmungsorgan ist und der Sauerstoff von

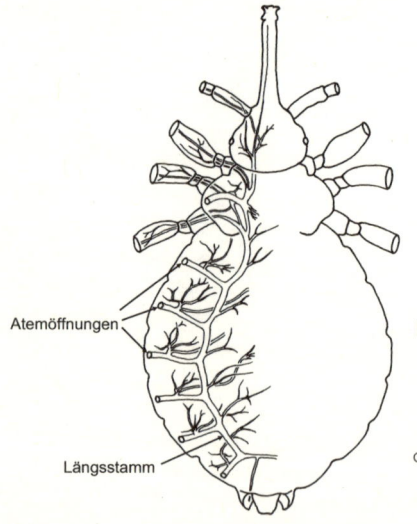

Abb. 13: Die größeren Äste des Tracheensystems der Elefantenlaus (*Haematomyzus elefantis*), eingezeichnet nur für die linke Körperhälfte. In den abdominalen Segmenten ist der Aufbau fast gleichförmig. Komplikationen ergeben sich in Thorax und Kopf im Zusammenhang damit, dass hier nicht in allen Segmenten Atemöffnungen ausgebildet sind. Nach Weber (1969).

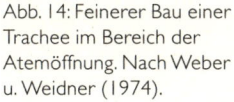

Abb. 14: Feinerer Bau einer Trachee im Bereich der Atemöffnung. Nach Weber u. Weidner (1974).

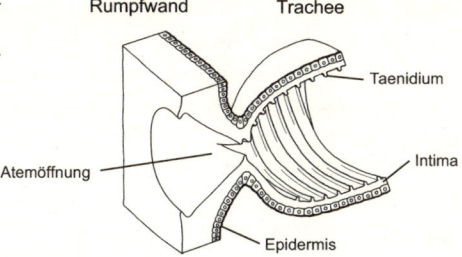

dort aus über ein verzweigtes System von Blutgefäßen verteilt wird. Bei Insekten muss der Sauerstoff vom Luftraum der Tracheenenden nur noch ein kurzes Stück durch den Körper bewegt werden, so wenig weit, dass diese Wanderung allein durch Diffusionskräfte aufrechterhalten werden kann.

Der feinere Bau der Tracheen ist sehenswert (Abb. 14). Er ist ein weiteres Beispiel dafür, dass Strukturen im Tierreich oft gegensätzlichen Bedingungen genügen müssen, so dass die im Laufe der Evolution herausgekommene Lösung dann notwendigerweise einen Kompromiss darstellt:

Die Tracheenröhren müssen einerseits dem Druck der umgebenden Körperflüssigkeit standhalten und daher möglichst stabil sein. Die einfache Antwort darauf wäre eine dick versteifte Wand, und in der Tat ist jede Trachee von Cuticula ausgekleidet (die hier nur deshalb Intima genannt wird, weil man sie von der äußeren Körperbedeckung unterscheiden will). Andererseits jedoch erschwert eine Intima den Gasaustausch und muss daher möglichst dünn sein. Wie also machen es die Tracheen?

Die Lösung erinnert an einen Staubsaugerschlauch: Die versteifende Schicht wird sehr dünn ausgebildet, jedoch durch eine spiralig verlaufende, dickere Auflage (das Taenidium) verstärkt. So ist genug dünne Oberfläche für den Gasaustausch vorhanden, die Trachee wird aber wegen des Spiralfadens nicht zusammengequetscht.

Viele Zoologen sehen im Tracheensystem den limitierenden Faktor, der die Ausbildung eines größeren Körpers verhindert. Das Problem liegt in der Durchlüftung der Tracheen begründet, die bei den langen, blind endenden Röhren wirklich schwierig zu bewerkstelligen ist. Dass viele Insekten überhaupt eine respektable Größe erreichen, verdanken sie u. a. einer Reihe von Verbesserungen in der Ausbildung des ursprünglichen Tracheensystems.

Ursprünglich hatte wohl jedes Segment seine eigene Ausstattung mit Tracheen, ohne jede Verbindung zu den benachbarten Segmenten. Heute zeigen nur noch wenige, sehr kleine Arten diesen Zustand – wenigstens in Teilen ihres Körpers. Bei den meisten Insekten wurden vor allem große, längs durch den Körper verlaufende Tracheenstämme gebildet (Abb. 13), die die größeren Tracheen der einzelnen Segmente miteinander verbinden. Zumindest am Vorder- und am Hinterende stehen sie über Öffnungen (Stigmen) mit der Außenwelt in Verbindung, so dass ein permanenter Luftstrom hindurchziehen kann.

Zusätzlich gibt es bei vielen Insekten Tracheensäcke (Abb. 18), blasenförmige Erweiterungen der großen Tracheen. Sie helfen, vor allem bei den guten Fliegern, ersichtlich dabei, das spezifische Gewicht des Tieres zu verringern. Oft aber wirken sie auch noch als eine Art Blasebalg zur Verbesserung der Luftzirkulation im Tracheensystem: Sie werden abwechselnd zusammengedrückt und wieder erweitert, manche durch benachbarte Muskeln, andere – dies weiß man erst seit wenigen Jahren – durch die Bewegungen der Körperflüssigkeit. Doch darüber später mehr.

Luftholen unter Wasser: Mit Darm und Schnorchel

Tracheen sind zum Atmen von Luft eingerichtet. Da erstaunt es schon, dass eine große Zahl von Insekten, Larven wie Erwachsene, unter Wasser leben. Wie schaffen sie das?

Erwachsene Insekten machen dasselbe wie jeder Taucher: Sie nehmen sich einen Luftvorrat mit. Er besteht aus einer Luftschicht, die an der Körperoberfläche von feinen Härchen festgehalten wird. Das kann an der gesamten Bauchseite sein wie beim Kolbenwasserkäfer (Hydrophilidae, Abb. 15), unter den Deckflügeln wie beim Gelbrandkäfer (Dytiscidae) oder auch in

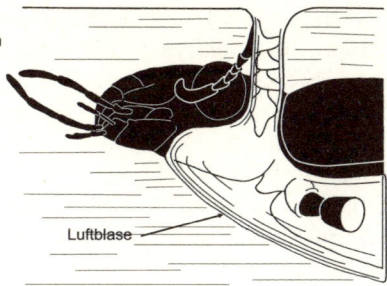

Abb. 15: Kolbenwasserkäfer (*Hydrophilus piceus*) beim Luftholen an der Wasseroberfläche. Die Antenne bildet mit ihren vier letzten, nach unten umgeklappten Gliedern einen Luftkanal zur Luftblase an der Bauchseite des Tieres. Nach Wesenberg-Lund aus Honomichl (1998).

Luftblase

besonderen Rinnen an der Bauchseite wie bei den Rücken-schwimmern (Notonectidae, eine Familie der Wanzen). Wo auch immer sich die Luftblase befindet, die Atemöffnungen sind jeweils dort gelegen, wo sie Kontakt mit ihr bekommen.

Der mitgenommene Luftvorrat hält länger vor, als man zu-nächst glauben mag. Dies liegt daran, dass Sauerstoff aus dem umgebenden Wasser ein- und Kohlendioxid aus der Luftblase ins Wasser austreten kann. Zumindest für eine Weile geht das gut, dann allerdings muss der Luftvorrat erneuert werden. Und deshalb sieht man wasserlebende Insekten in gewissen Abstän-den dicht unter die Oberfläche kommen, bis die Luftblase Kon-takt mit der atmosphärischen Luft erhält. Gelbrandkäfer strecken also ihr Hinterteil aus dem Wasser und lupfen etwas die Deckflügel. Kolbenwasserkäfer dagegen legen ihren Kopf dicht unter die Wasseroberfläche und klappen ihre Antennen so um, dass sich entlang ihrer Endglieder ein Luftkanal bis zur Bauchseite bilden kann (Abb. 15). Wer sich schon einmal über diese merkwürdig geformten Endglieder gewundert hat – ihre Funktion beim Luftholen ist die Erklärung.

Unter Wasser lebende Larven sind noch weitaus erfindungs-reicher. Die Larven des Schilfkäfers (*Donacia*, ein Blattkäfer) etwa stechen mit Dornen am Hinterende die luftführenden Stängel von Seerosen an, stecken ihr Hinterteil mit den Atem-öffnungen hinein und benutzen die Stängel als Schnorchel.

Andere sammeln die winzigen Luftbläschen, die in schnell fließendem Wasser mitgeführt werden, an besonders dafür ein-

gerichteten Strukturen und verteilen sie auf ihrem Körper. Die
Puppe von *Agriotypus* (die Köcherfliegen-Schlupfwespe) z. B.
benutzt dafür ein langes Band aus locker gesponnenen Seiden-
fäden, das schon das letzte Larvenstadium aus dem Sekret der
Speicheldrüsen gebaut hat und das die Puppe ins freie Wasser
streckt.

Viele wasserlebende Larven schließlich bauen ihr Tracheensystem radikal um. Sie verschließen die Atemöffnungen und
sorgen an den verschiedensten Körperstellen für einen Gasaustausch zwischen dem Wasser und dem luftgefüllten Innenraum
der Tracheen – durch die Cuticula und die Tracheenwand hindurch. An diesen Stellen werden Tracheenenden dicht unter die
Körperoberfläche verlagert, so dass die Atemgase einen möglichst kurzen Weg haben.

Bei den Larven der Kriebelmücken (Simuliidae) etwa findet
der Gasaustausch über die gesamte Körperoberfläche statt. An-
dere beschränken die austauschende Oberfläche auf besondere
Strukturen, die wie Kiemen ins Wasser gehalten werden und in
Anlehnung daran Tracheenkiemen genannt werden. Bei den
Larven der Eintagsfliegen (Abb. 16, links) sind es zu flachen
Plättchen umgebildete, abdominale Beine, bei Kleinlibellen-
larven (Abb. 16, rechts) drei flache Plättchen am Körperende,
Anhänge, die uns als Cerci und Terminalfaden bereits bei eini-
gen Insektengruppen begegnet sind.

Den kuriosesten Ort zum Gasaustausch haben wohl die Larven der Großlibellen gefunden: den Enddarm. Seine Wand ist

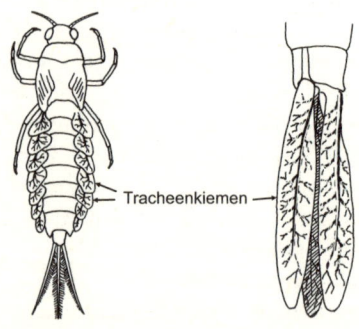

Abb. 16: Tracheenkiemen
bei Larven von Eintagsfliegen (links)
und Kleinlibellen (rechts).
Nach Weber u. Weidner (1974).

stark gefältelt und mit feinen Tracheenenden versorgt, der Darminhalt wird vor dieser Stelle festgehalten. Zum Atmen müssen sie fortwährend Wasser durch den After einziehen und wieder ausstoßen (was zur Folge hat, dass sie sich entscheiden müssen, ob sie koten oder atmen wollen …). Immerhin haben sie gleich eine Fluchtreaktion daraus gemacht: Wenn sie das Wasser besonders heftig ausstoßen, machen sie einen Satz nach vorn und entkommen damit möglicherweise einem Fressfeind.

Wenn das Blut
frei durch den Körper fließt

Das dürftige Blutgefäßsystem

Von einem Blutgefäßsystem ist bei Insekten herzlich wenig zu sehen. Es besteht – jedenfalls in der ursprünglichen Ausbildung – nur aus einem dorsal liegenden Herzen und einem einzigen, nach vorn anschließenden Blutgefäß, der Aorta.

Nun darf man sich unter dem Insektenherz nicht etwa ein Gebilde vorstellen, das unserem Herzen ähnelt. Es ist ein zarter, langgestreckter Schlauch, dessen Wand aus einer dünnen Schicht von Ringmuskeln besteht (Abb. 17). Aber immerhin, es treibt das Blut (bei Insekten Hämolymphe genannt) an, indem eine Kontraktionswelle von hinten nach vorn über den gesamten Schlauch verläuft und dabei die im Innern befindliche Hämolymphe vor sich herschiebt.

Die Aorta als Fortsetzung des Herzschlauchs nach vorn zieht meist bis in die Nähe des Gehirns und macht dort etwas, das für unseren Körper absolut tödlich wäre: Sie endet schlicht und einfach offen und entlässt die Hämolymphe in die Körperhöhle. Die Hämolymphe fließt von hier aus an den Organen vorbei nach hinten und muss durch Gewebslücken hindurch den Weg zurück zum Herzen finden, wo sie durch mehrere Paare seitlich liegender Klappenventile, die Ostien, wieder aufgenommen wird. Man spricht daher bei Insekten – wie bei allen Arthropoden – von einem offenen Blutkreislauf.

Das mutet einigermaßen ungeordnet und zufällig an. Aber beim Umherschauen im Tierreich fällt auf, dass Blutgefäßsysteme nur dann vollständiger ausgebildet sind, wenn das Blut den Transport der Atemgase übernimmt. Und gerade dies ist bei Insekten nicht der Fall: Ihre Hämolymphe muss zwar vieles leisten, sie verteilt beispielsweise Nährstoffe und führt Hormone und verschiedenste Stoffwechselprodukte mit sich, aber den

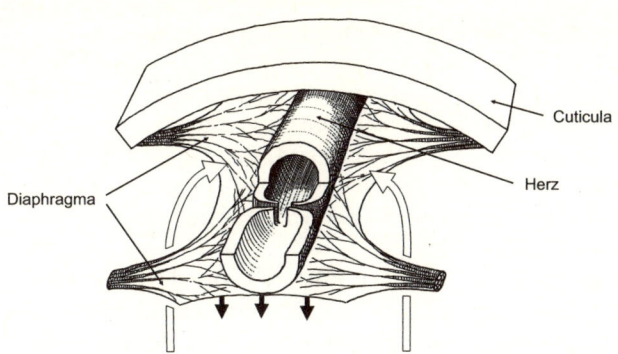

Abb. 17: Ein Abschnitt des schlauchförmigen Herzens der Insekten mit zwei Klappenventilen (Ostien), die den Rückstrom der Hämolymphe ins Herz ermöglichen. Dicht unter dem Herzen das leicht nach oben gekrümmte Diaphragma, eine dünne Bindegewebsschicht, die durch Kontraktion der in ihr liegenden Muskelfasern nach unten abgeflacht werden kann (dunkle Pfeile) und dabei das Anheben der Hämolymphe in den Raum neben dem Herzen (helle Pfeile) bewirkt. Original.

Transport von Sauerstoff, der wirklich eilig wäre, übernimmt ja das Tracheensystem.

Hilfe für das Herz

Man kann sich trotzdem des Eindrucks nicht erwehren, dass die dürftige Ausbildung von Blutgefäßen ein leidiges, altes Erbe von langgestreckten, dünnen Vorfahren der Insekten ist. Für solche Körper mag ein einfacher, dorsal gelegener Herzschlauch ausgereicht haben. Mit dem Entstehen voluminöserer Körper kamen dann die Schwierigkeiten – und die verblüffenden Antworten der Insekten in Form von ergänzenden Strukturen.

Eine Hebeanlage unter dem Herzen

Ein großes Problem besteht z. B. beim Wiedereintritt der Hämolymphe ins Herz. Das Herz muss dazu die Hämolymphe über die Ostien ansaugen. Der dünne, schwache Herzschlauch von Insekten scheint jedoch kaum in der Lage zu sein,

in einem großen Körper Hämolymphe von weit unten heran-
zuholen.

Bei der Lösung dieser Aufgabe begegnen wir einem Phäno-
men, das im Tierreich ebenso weit verbreitet wie unerklärbar
ist: dem Auftreten von Strukturen, die ganz ähnlich aussehen
und die gleiche Funktion haben, aber trotzdem bei völlig verschiedenen Tiergruppen unabhängig voneinander entwickelt
wurden (Analogien).

Insekten haben für den Rückfluss der Hämolymphe zum
Herzen eine ähnliche Struktur erfunden wie die Säugetiere für
den Einstrom der Luft in ihre Lunge: ein Diaphragma, also eine
muskulöse, gewölbte Membran, die bei den Säugern als
Zwerchfell hinter dem Brustraum liegt, bei den Insekten als
dorsales Diaphragma dicht unter dem Herzen (Abb. 17). Bei der
Kontraktion seiner Muskeln flacht sich das Diaphragma ab und
erweitert dabei den Raum auf der konvexen Seite, so dass hier
durch den entstehenden Unterdruck das Gewünschte einströ-
men kann – Luft in die Säugerlunge und Hämolymphe in den
Raum um das Herz bei den Insekten.

Ein Zwischenboden in den Beinen

Eine ganz andere Schwierigkeit tritt bei Insekten (wie bei allen
Arthropoden) bei der Durchblutung langer Körperanhänge wie
der Beine oder auch der Antennen auf. Ohne besondere Maßnahmen würde die Hämolymphe einfach an ihnen vorbeifließen
oder, wenn sie schon in die Anhänge gedrückt würde, einen
Stau erzeugen.

Die Arthropoden haben hier verschiedene Lösungen gefunden. Viele Krebse und auch Spinnen beispielsweise bilden eben
doch ein paar mehr Arterien aus, die bis in die Spitzen der langen Anhänge reichen und erst hier die Hämolymphe entlassen.

Bei Insekten wird der Hohlraum eines Anhangs oftmals durch
eine längs verlaufende Membran wie durch einen Zwischen-
boden in zwei Räume unterteilt, wobei an der Spitze ein Über-
gang offen bleibt. Ein kontinuierlicher Fluss der Hämolymphe –
durch das eine Teillumen hinein, durch das Loch am Ende in das

andere Teillumen und dann wieder hinaus – wird z. B. erzeugt, indem an der Basis eine kleine Pumpe, wie ein zusätzliches Herz, die Hämolymphe in das eine Teillumen hineindrückt.

So werden Tracheensäcke zu Blasebälgen

Seit kurzem weiß man auch wenigstens in Ansätzen um einen völlig überraschenden und hochkomplizierten Zusammenhang: Sehr viele Insekten benutzen ihre frei bewegliche Hämolymphe dazu, das Tracheensystem sehr wirksam zu durchlüften. Die Blaue Fleischfliege (*Calliphora vicina*) ist ein Beispiel dafür:

Ein Paar der großen Tracheensäcke dieses Tieres (Sie erinnern sich an das vorige Kapitelchen?) liegt ganz vorn im Abdomen, dicht hinter der Taille des Tieres, und verhindert den freien Hämolymphfluss zwischen Thorax und Abdomen. Wenn das Herz nun Hämolymphe nach vorn befördert, entsteht im Abdomen ein leichter Unterdruck (Abb. 18, links). Das führt dazu, dass sich die beiden Tracheenblasen erweitern und dabei Luft durch die angeschlossenen Stigmen einsaugen. Gleichzeitig baut sich vorn im Thorax ein leichter Überdruck auf, der die dort liegenden Tracheen etwas zusammendrückt, so dass sie sich nach außen entleeren können.

Nach einiger Zeit macht das Herz etwas Seltsames. Es ändert seine Schlagrichtung, so dass Hämolymphe jetzt vorn im Tho-

Abb. 18: Hämolymphbewegung und Tracheenbelüftung bei der Blauen Fleischfliege (*Calliphora vicina*). Links: Das röhrenförmige Herz pumpt Hämolymphe von hinten nach vorn. Rechts: Zeitweise kehrt das Herz seine Schlagrichtung um und pumpt Hämolymphe von vorn nach hinten (weiße Pfeile). Dabei werden wechselweise vorn bzw. hinten die Tracheen be- und entlüftet (schwarze Pfeile). Nach Wasserthal aus Dettner u. Peters (1999).

rax angesogen und nach hinten aus dem Herzen herausgedrückt wird (Abb. 18, rechts). Das hat nun umgekehrt zur Folge, dass sich im Abdomen ein Überdruck aufbaut, der die Tracheenblasen wieder zusammendrückt, und im Thorax entsteht ein Unterdruck, der die dortigen Tracheen sich wieder erweitern und neue Luft ansaugen lässt.

Im Endeffekt zirkuliert die Hämolymphe bei diesen Tieren also gar nicht wie oben beschrieben durch den Körper, sondern wird periodisch zwischen Vorder- und Hinterkörper hin- und hergeschoben. Dabei werden Vorder- und Hinterkörper wechselweise be- und entlüftet. Wahrscheinlich haben alle Holometabola, also die überwiegende Mehrheit der Insekten, diese Fähigkeit, die ganz wesentlich darauf beruht, dass das Herz seine Schlagrichtung ändern kann – wozu unter anderem gehört, dass es auch hinten offen ist.

Etwas über die Sinneswelt der Insekten

Das ganz andere Auge

Die beiden großen, seitlich am Kopf der Insekten liegenden Facettenaugen sind einzigartige Bildungen, die sich – außer bei den anderen Arthropoden – nirgends sonst im Tierreich finden lassen. Anders als bei einem normalen Linsenauge setzen sie sich aus einer Vielzahl von Einzelaugen (Ommatidien, Abb. 19) zusammen, von denen jedes ein eigenes Linsensystem hat. Die Oberfläche erhält dadurch ein ganz typisches Facettenmuster – was diesem Auge zu seinem Namen verhalf.

Die räumliche Auflösung des Facettenauges erscheint bescheiden, sie erreicht höchstens 1/80 der Auflösung unseres eigenen Auges. Andererseits aber sind etwa Raubfliegen (Asilidae) oder Libellen in der Lage, fliegende Insekten gezielt zu verfolgen und in rasendem Flug zu ergreifen. Unter anderem beruht dies auf einem für uns unvorstellbar hohen zeitlichen Auflösungsvermögen: Bis zu 250 Bilder können pro Sekunde getrennt wahrgenommen werden. Unser Auge schafft nicht einmal 20, so dass ein Kinofilm mit 25 Bildern pro Sekunde für uns eine ununterbrochene und daher fließende Bewegung vortäuscht, für Insekten aber eine langweilige Abfolge von Einzelbildern sein muss – mit endlosen Pausen dazwischen, wenn der Projektor zum nächsten Bild wechselt.

Es gibt noch mehr Merkwürdigkeiten: Viele blütenbesuchende Insekten, zum Beispiel Hautflügler wie die Honigbiene, aber auch Schmetterlinge, können kein Rotlicht wahrnehmen, dafür aber UV-Licht.

Das ist zunächst unverständlich, da man doch lebhaftes Insektentreiben um rote Blüten beobachten kann. Aber wir können uns auch nur mit Mühe die Farbenwelt dieser Insekten vorstellen. Wenn man sich mit Hilfe von Apparaten anschaut, wo überall UV-Licht reflektiert wird, sieht die Welt ganz anders aus, als wir es gewohnt sind: Gerade viele Blüten, die für uns unauffällig oder gleichförmig (eben auch rot) gefärbt sind, weisen dann ausgesprochen kontrastreiche, auffällige Muster auf und sind gerade für diejenigen Insekten gut sichtbar, die sie zur Nahrungsaufnahme besuchen und dabei bestäuben sollen. Es muss eine sehr enge Beziehung geben zwischen der Evolution der Blütenfarben und der Evolution des speziellen Farbsehvermögens der blütenbesuchenden Insekten.

Eine Überraschung bietet auch die farbige Musterung, die man bei vielen Facettenaugen findet, die schönste wohl bei den Bremsen (Tabanidae, eine Familie der Zweiflügler), wo auffallend schillernde, bunte Bänder die Augen überziehen.

Das könnte natürlich ein Erkennungsmerkmal für Artgenossen sein. Es gibt aber noch eine andere Bedeutung dieser Buntheit, über die man noch nicht lange Bescheid weiß: Die farbigen Linsen dieser Augen sind wohl Filter, die bestimmte Farben dämpfen können, z. B. die grüne Farbe von Blättern. Tiere, die im Pflanzendickicht einen Geschlechtspartner suchen, können daher die Hintergrundfarbe herausfiltern und ihre Geschlechtspartner anhand ihrer andersfarbigen Erkennungsmerkmale viel deutlicher sehen.

Das vielleicht Erstaunlichste am Facettenauge ist, dass es trotz der unzähligen Linsen (es können bis zu 30 000 sein) ein einziges, zusammenhängendes Bild der Umgebung liefert. Nach den Regeln der Optik müsste doch hinter der Linse eines jeden Ommatidiums ein vollständiges, umgekehrtes Bild der Umgebung entstehen.

Am besten schaut man sich den Bau des Facettenauges genauer an. Vergleichsweise einfach zu verstehen ist ein Typ, der für Sehen am Tag eingerichtet ist, das Appositionsauge:

Für jeden Bildpunkt eine eigene Linse

In einem einzelnen Ommatidium (Abb. 19) eines Appositionsauges ist – wie in jedem Linsenauge – außen ein lichtbrechender Apparat ausgebildet. Nach innen zu schließen sich die Sehzellen an.

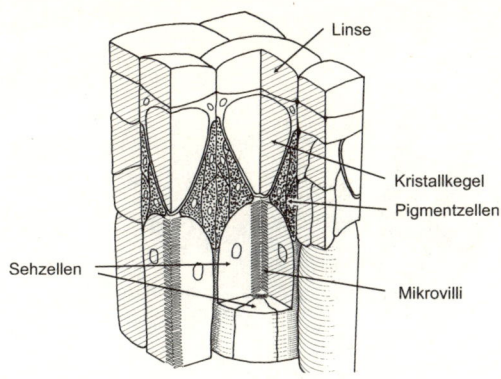

Abb. 19: Einige Ommatidien aus einem Appositionsauge. In jedem Ommatidium besteht der lichtbrechende Apparat aus einer Linse und dem Kristallkegel. Die nach innen anschließenden Sehzellen sind jeweils kreisförmig angeordnet und bilden zur Mitte hin den lichtempfindlichen Mikrovillisaum aus. Alle Ommatidien sind durch dunkle Pigmentzellen optisch voneinander isoliert. Original.

Die meist acht Sehzellen eines einzelnen Ommatidiums sind im Kreis angeordnet. Sie besitzen langgestreckte Körper, an deren seitlicher, zur Mitte hin gerichteter Oberfläche eine Vielzahl paralleler, fingerförmiger Fortsätze ausgebildet ist, die Mikrovilli, in deren Membran das Sehpigment liegt. Licht, das ausgewertet werden soll, muss also in dieses Säulchen aus Mikrovilli inmitten der acht Sinneszellen gelangen.

Und genau dafür hat der lichtbrechende Apparat eine ganz besondere Struktur: Unter der Linse liegt ein spitz zulaufender Kristallkegel als Lichtleiter, der seitlich von pigmentierten (und daher das Licht absorbierenden) Zellen eng umgeben ist. Die Linse entwirft nun, wie jede Linse, ein vollständiges, umgekehrtes Bild der Umgebung. Durch die dunkle Umhüllung des Kristallkegels, die nur in der Mitte, an seiner Spitze, eine winzige Öffnung lässt, werden aber alle seitlichen Bereiche des Bildes abgefangen, und nur das Licht, das parallel zur Längsachse des Ommatidiums einfällt, gelangt durch die Öffnung auf die Sehzellen (Abb. 20).

Jedes Ommatidium wertet also nur Licht von dem kleinen

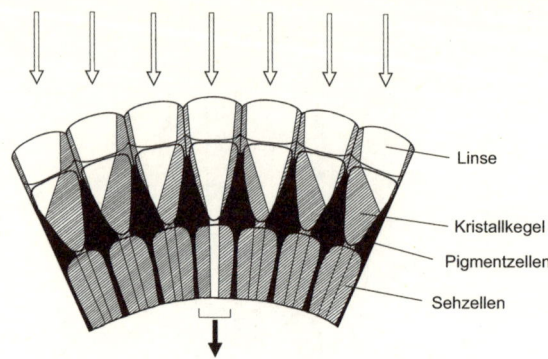

Abb. 20: Funktionsweise des Appositionsauges. Licht, das von einem (entfernten) Punkt der Umgebung einfällt (weiße Pfeile), wird nur von dem lichtbrechenden Apparat, dessen Längsachse in seine Richtung zeigt, auf den Mikrovillisaum weitergeleitet und damit wahrgenommen. Original.

Bereich der Umgebung aus, auf den seine Längsachse zeigt, und da jedes Ommatidium in eine etwas andere Richtung blickt, liefert das Facettenauge als Ganzes ein (aufrechtes) Bild der Umgebung, das aus so vielen Einzelpunkten aufgebaut ist, wie Ommatidien vorhanden sind.

Daher kommt die schlechte räumliche Auflösung des Facettenauges. Um sie zu verbessern, müsste die Zahl der Ommatidien wesentlich erhöht werden – was aber eine missliche Folge hätte: Da das gesamte Auge nicht viel größer werden kann (bei den Augentieren unter den Insekten nehmen die Facettenaugen sowieso schon fast die gesamte Kopfkapsel ein), müssten die Ommatidien noch kleiner werden und damit noch lichtschwächer, als sie es mit ihren kleinen Linsen ohnehin schon sind.

Da sind uns Insekten voraus: Erkennen von polarisiertem Licht

Das Facettenauge bietet noch andere Überraschungen. So ist von vielen Insekten nachgewiesen, dass sie die Schwingungsrichtung von polarisiertem Licht wahrnehmen können.

Sonnenlicht, aber auch das Licht von Glühlampen ist unpolarisiert, es schwingt regellos in allen möglichen Richtungen quer zur Ausbreitungsrichtung. Trifft es jedoch etwa auf eine Wasseroberfläche, so wird – je nach Einfallswinkel – Licht einer bestimmten Schwingungsrichtung bevorzugt reflektiert. Das Licht heißt dann polarisiert, es schwingt nur noch in einer Ebene. Fotografen nutzen dies aus, wenn sie Spiegelungen – etwa auch von Schaufensterscheiben – ausblenden wollen: Sie drehen einen Polfilter so, dass er Licht der betreffenden Schwingungsrichtung nicht durchlässt.

Manche Sehzellen im Facettenauge können die Schwingungsebene von polarisiertem Licht wahrnehmen. Warum das so ist, erklärt man sich folgendermaßen: Das Sehpigment ist ein längliches Molekül, das Licht vor allem dann absorbiert, wenn es parallel zu seiner Längsrichtung schwingt. In normalen Sehzellen sind die Sehpigmente regellos ausgerichtet. In Sehzellen jedoch, die die Schwingungsebene von polarisiertem Licht erkennen können, liegen alle Sehpigmente offenbar genau parallel zueinander, und zwar parallel zur Längsachse der Mikrovilli. Solche Sinneszellen werden also nur dann voll erregt, wenn das Licht entsprechend schwingt. Und wenn mehrere dieser besonderen Sinneszellen vorhanden sind (meist in benachbarten Ommatidien) und alle eine etwas unterschiedliche Richtung der Mikrovilli aufweisen, kann das Insekt dann sogar erkennen, in welcher Richtung polarisiertes Licht gerade schwingt.

Wem nutzt das? Es nutzt z. B. Honigbienen, wenn sie von einer Suchbiene während des Schwänzeltanzes gesagt bekamen, in welchem Winkel zur Sonne Futter zu finden ist, die Sonne aber verdeckt ist. Sie müssen dann nur ein Stückchen blauen Himmel zur Verfügung haben. Das blaue Himmelslicht ist nämlich auch polarisiert, wobei die Schwingungsebene vom Sonnenstand abhängig ist. So kann die Biene den Stand der Sonne erschließen und in die richtige Richtung fliegen.

Wasserlebende Insekten wie der Rückenschwimmer (*Notonecta*, eine wasserlebende Wanze) oder der Gelbrandkäfer (*Dytiscus*) begnügen sich damit, überhaupt das Vorhandensein von polarisiertem Licht wahrzunehmen: Wenn sie fliegend auf der

Suche nach einem neuen Tümpelchen sind, erkennen sie eine
Wasseroberfläche an der Polarisation des reflektierten Lichts.
Sammler solcher Insekten suchen mit Erfolg die Sockel von Ge-
wächshäusern ab. Sie nutzen dabei aus, dass die Tiere bei ihrer
Suche immer wieder auf Licht hereinfallen, das von den großen
Glasscheiben reflektiert wird und ebenfalls polarisiert ist. Die
Tiere stoßen dann in vollem Flug auf die Scheiben und bleiben
etwas benommen daneben liegen – aber das konnte die Evolu-
tion nicht ahnen.

Tiere sind im Laufe der Evolution mit funktionell wich-
tigen Strukturen nur dort ausgestattet worden, wo sie auch
wirklich gebraucht werden. Es verwundert also nicht, dass sich
die polarisationsempfindlichen Sehzellen bei der Honigbiene
ausschließlich in oberen Augenteilen befinden, beim Rückenschwimmer dagegen in unteren – jeweils den Stellen, an denen
der Himmel bzw. der nächste Teich abgebildet wird.

Fühlen und Riechen durch einen Panzer – mit Haaren

Beim ersten Nachdenken über einen Tast- oder Geruchssinn bei
Insekten kommt Mitleid auf. Es erscheint schier unmöglich,
dass die Tiere durch ihr dickes, steifes Außenskelett hindurch
irgendetwas riechen oder gar erfühlen können. Aber, wie könnte es anders sein, die Insekten haben doch einen Weg gefunden.
Und so, wie sie das Problem lösen, hat man durchaus nicht den
Eindruck, dass der feste Panzer hinderlich wäre. Im Gegenteil:
Der Trick der Insekten besteht geradezu darin, die Steifigkeit
der Körperbedeckung auszunutzen.

Geschwindigkeitsmesser auf den Augen und eine Wasserwaage am Bauch

Der Körper der Insekten ist mit einer Unzahl von steifwandigen
Haaren bedeckt, die Sinneseindrücke wahrnehmen können und
daher Sinneshaare (Sensillen) genannt werden. Viele sind durch
ein Gelenk mit der übrigen Oberfläche verbunden (Abb. 21),
wobei an ihrer Basis jeweils der reizaufnehmende Teil (der Den-

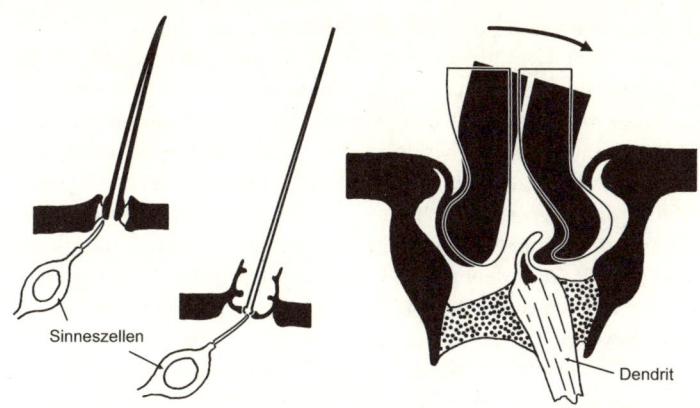

Abb. 21: Mechanosensillen. Links: zwei unterschiedliche Typen. Der reizaufnehmende Fortsatz (Dendrit) einer Sinneszelle zieht jeweils zur Basis des Sinneshaars. Rechts: Funktionsweise. Das Ende des Dendrits ist so gelagert, dass es bei einer Bewegung des Sinneshaares etwas gequetscht wird, was als Reiz wahrgenommen wird. Nach Gnatzy aus Dettner u. Peters (1999).

drit) einer Sinneszelle endet, gerade so, dass er etwas zusammengequetscht wird, wenn sich das Haar bewegt – und genau dies ist der Auslöser für seine Erregung. Solche Haare nennt man in der Zoologie Mechanosensillen.

Es wäre nun aber ganz falsch zu vermuten, dass ein Insekt über seine Mechanosensillen nur merken kann, ob es gerade angefasst wird oder selbst irgendwo anstößt. Das Abbiegen eines Haares kann durch eine Vielzahl unterschiedlichster Ereignisse verursacht werden, und Insekten können auf viele dieser Ereignisse zurückschließen.

Libellen z. B. haben eine Möglichkeit entwickelt, mit Hilfe besonderer Mechanosensillen den richtigen Geschlechtspartner zu erkennen: Das Männchen fasst, wenn es kopulieren will, ein Weibchen zunächst mit zwei kräftigen Hinterleibsanhängen (den Cerci) am Genick. Nur wenn dabei alle dort befindlichen Sinneshaare gereizt werden, akzeptiert das Weibchen dies. Dann ist nämlich sichergestellt, dass die Cerci richtig sitzen – und das tun sie nur bei artgleichen Partnern.

Mit anderen Haaren messen Insekten ihre Fluggeschwindigkeit. Bei der Honigbiene z. B. sitzen sie auf der Oberfläche der Facettenaugen zwischen den Ommatidien. Diese Haare sind darauf eingerichtet, durch den beim Fliegen erzeugten Gegenwind abgebogen zu werden, wodurch die eigene Geschwindigkeit (wenigstens relativ zur umgebenden Luft) gemessen werden kann.

Auf den Cerci der Schaben und Grillen sind extrem lange Haare mit einer außerordentlich leichtgängigen Einlenkung ausgebildet, mit denen die Tiere geradezu hören können: Die Haare werden durch Luftschall, ausgelöst durch leiseste Geräusche, bewegt.

Aber nicht nur Reize, die von der Außenwelt ausgehen, werden wahrgenommen. Mechanosensillen stehen auch in der Nähe vieler Gelenke und werden abgebogen, wenn der bewegte Körperteil an sie anstößt, so dass eine Rückmeldung über die Gelenkstellung möglich wird. Fast alle Insekten haben dies sogar zu einem Schweresinn ausgebaut. Dabei wird jeweils die Stellung einer schweren Masse durch Haare überprüft, die an ihrer Basis sitzen, also z. B. die Stellung des Kopfes durch Haare in der Halsregion.

Den vielleicht verblüffendsten Bau eines Schweresinnesorgans zeigt die Larve der Stabwanze (*Ranatra linearis*, eine Art der Nepidae), eines langgestreckten, unter Wasser lebenden Tiers. An der Bauchseite liegen zwei Längsrinnen, in denen durch dachartig darüber angeordnete (nicht sensible) Härchen je eine Luftblase als Atemvorrat festgehalten wird. Wie in der Libelle einer Wasserwaage verschieben sich nun diese Luftblasen je nach Schräglage des Tieres längs in den Rinnen und biegen dadurch unterschiedliche Mechanosensillen ab, die in Abständen in den Rinnen angeordnet sind.

Riechen mit den Antennen
und schmecken mit den Füßen

Haare werden auch benutzt, um Duft- und Geschmacksstoffe wahrzunehmen. Solche Haare müssen natürlich nicht gelenkig in die Oberfläche des Körpers eingesetzt sein. Dafür zieht der

Dendrit der Sinneszelle bei ihnen bis in die Haarspitze, und ihre Wand weist Poren auf, durch die die Reizstoffe ins Innere des Haares gelangen und schließlich auf der Oberfläche des Dendriten einen Reiz auslösen können.

Solche Haare – man spricht von Chemosensillen – spielen im Leben der Insekten eine überaus wichtige Rolle. Insekten lassen sich in weit mehr Situationen von Düften und Geschmacksstoffen leiten als wir.

Sinneshaare, die Düfte wahrnehmen können, sitzen in Vielzahl – und auf die merkwürdigsten Düfte spezialisiert – auf den Antennen (Abb. 22). Oft wird die richtige Nahrung über sie erkannt. Fleischfliegen (Sarcophagidae) etwa oder auch Aaskäfer (Silphidae) riechen bei der Eiablage sehr genau, ob ein Stück gammeliges Fleisch den richtigen Zustand aufweist, um den Larven als Nahrung dienen zu können. Mistkäfer (Geotrupidae), die Kot als Nahrung für ihre Nachkommen benötigen, erkennen den richtigen Zustand eines Kothaufens schon von weitem am Geruch. Honigbienen (*Apis mellifera*) reagieren auf Blütendüfte. Stechmücken (Culicidae) werden bei einer erhöhten Konzentration von Kohlendioxid ganz aufgeregt, weil sie

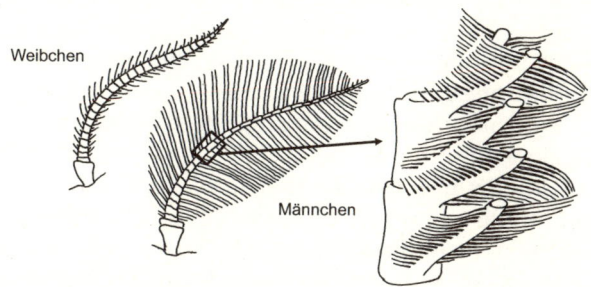

Abb. 22: Links: Antennen von beiden Geschlechtern des Nachtpfauenauges (*Antheraea polyphemus*). Auf der viel größeren Antenne des Männchens sind sehr viel mehr Chemosensillen untergebracht, die dem Männchen bei der Suche nach einem Weibchen helfen. Rechts: Die reusenartige Anordnung der Chemosensillen beim Männchen ermöglicht eine sehr effiziente Auswertung der hindurchstreichenden Luft. Nach Kaissling (1 Abb.) und Boeckh (1 Abb.) aus Dettner u. Peters (1999).

dadurch auf die Anwesenheit eines potentiellen Wirts schließen können (der Kohlendioxid beim Atmen ausstößt); sie reagieren aber auch auf Buttersäure, die im Schweiß von Säugern vorkommt, sogar auf weibliche Sexualhormone (Frauen werden i. d. R. häufiger gestochen als Männer).

Bei unzähligen Insektenarten finden sich die Geschlechtspartner über weite Entfernungen, indem einer von beiden einen Sexuallockstoff als ganz besonderen Duft verströmt: Oftmals ist es das Weibchen (wie bei den Schmetterlingen), bei manchen Arten das Männchen (wie bei den Borkenkäfern, Scolytidae). Es verwundert nicht, dass bei solchen Arten die Antennen desjenigen Geschlechts, das den Duftstoff empfangen soll, oft viel größer ausgebildet sind als beim anderen Geschlecht (Abb. 22, links). So lassen sich sehr viel mehr Sensillen auf ihnen unterbringen, was die Empfindlichkeit stark verbessert.

Soziale Insekten schließlich kommunizieren weitgehend über chemische Botenstoffe. Honigbienen etwa erzeugen in der Haut nahe der Hinterleibsspitze einen Duft, den sie beim Sammeln auf einer Blüte, aber auch vor dem Einflugloch zum Stock unter auffälligem Anheben des Hinterleibs austreten lassen und damit anderen Bienen den Weg weisen (sie sterzeln, sagt der Imker). Ameisen folgen den Duftspuren, die andere zu einer Futterquelle gelegt haben – oder anderen Düften, die ihnen sagen, wo der Bau gerade verteidigt oder ausgebessert werden muss. Bei sozialen Insekten kennt man inzwischen nicht weniger als 63 verschiedene Drüsen, deren Sekrete die komplexesten Signale übermitteln.

In letzter Zeit mehren sich die Anzeichen dafür, dass auch Geschmacksstoffe bei Insekten eine ganz wesentliche Rolle spielen. Vielleicht sind sie für Insekten sogar wichtiger als für alle anderen Tiere. Insekten beschränken sich nämlich bei weitem nicht darauf, Geschmacksstoffe nur für die Überprüfung der Nahrung einzusetzen.

Manche bringen den Geschlechtspartner bei der Balz durch einen besonders feinen Geschmack auf Touren. So halten etwa die Männchen der Malachitkäfer (Malachiidae, Abb. 23) ihren Weibchen bestimmte (und von Art zu Art unterschiedliche)

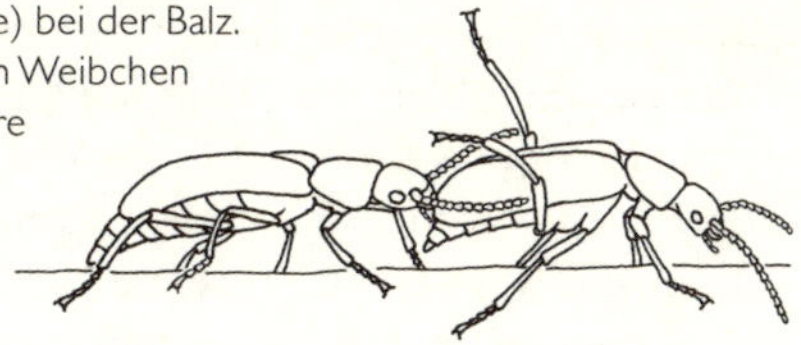

Abb. 23: Malachitkäfer (Malachiidae) bei der Balz.
Das Männchen (rechts) bietet dem Weibchen
eine Körperstelle, an der besondere
Geschmacksstoffe als Stimulans
für das Weibchen austreten.
Nach Matthes aus Honomichl
(1998).

Körperteile hin; dort liegende Hautdrüsen bilden Geschmacksstoffe, die das Weibchen begierig aufleckt. Andere Arten sichern
sich den Schutz von wehrhaften Arten, indem sie ihnen gut
schmeckende Substanzen als Gegenleistung bieten. Besonders
bekannt dafür sind viele Larven der Bläulinge (Lycaenidae,
Abb. 24), die eine zuckerhaltige Flüssigkeit aus einem Drüsen-
feld (dem Nektarorgan) des Abdomens austreten lassen. Ameisen sind ganz begierig darauf und verteidigen die Raupen gegen
Feinde – manche tragen bestimmte Bläulingsraupen sogar in
ihre Bauten ein und akzeptieren, dass die Bläulingsraupen ihre
Brut fressen.

Wahrscheinlich gilt ganz allgemein, dass Insekten auf ihrer
Körperoberfläche unterschiedlichste, schwer flüchtige Substanzen ablagern, anhand derer sie von einem anderen Insekt als
artgleich erkannt werden können. Soziale Insekten unterscheiden mit Hilfe dieser Substanzen (und bestimmter Düfte) sogar
Stockgenossen von stockfremden Tieren. Nur mit dem richtigen
Stockgeschmack wird eine heimkehrende Arbeiterin eingelassen

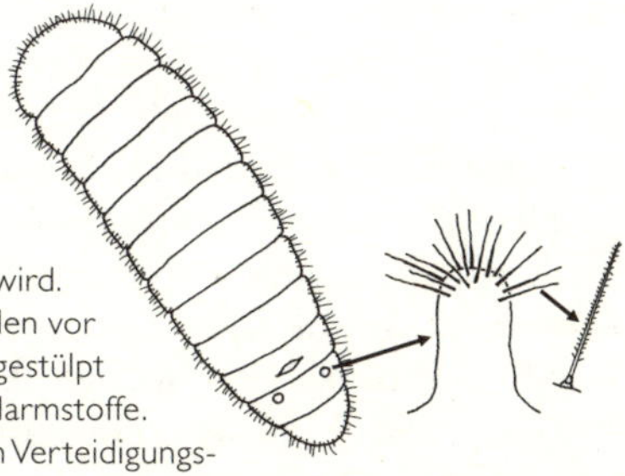

Abb. 24: Raupe eines Bläulings
(Lycaenidae, links). Das Nektarorgan
auf dem 7. abdominalen Segment
entlässt, nachdem es von Ameisen
betrillert wurde, ein Sekret aus
Zuckern und Aminosäuren, das von
den Ameisen begierig aufgenommen wird.
Die beiden Duftorgane dahinter werden vor
allem in Gegenwart von Ameisen ausgestülpt
und entlassen dann möglicherweise Alarmstoffe.
Jedenfalls versetzen sie die Ameisen in Verteidigungs-
stimmung. Rechts: Ein Duftorgan mit seinen Dufthaaren vergrößert. Nach Wheel-
er aus Honomichl (1998).

und nicht gleich zerfleischt. Voraussetzung dafür ist, dass die Tiere sich befühlen und den Geschmack des anderen dabei aufnehmen können. In der Tat sieht man, etwa bei Ameisen oder Bienen, dass sich zwei Tiere, wann immer sie sich begegnen, sehr intensiv mit den Antennen betrillern, auf denen die entsprechenden Geschmackssensillen sitzen.

Bei der Verteilung der Geschmackssensillen auf dem Körper sind Insekten übrigens kompromissloser vorgegangen als die Wirbeltiere: Geschmackssensillen sitzen an allen Stellen, die voraussichtlich mit den Geschmacksstoffen in Kontakt kommen – nicht nur an den Mundgliedmaßen oder den Antennen, sondern verblüffenderweise auch an den Füßen. Aber auf diese Weise kann eine Honigbiene oder eine Schwebfliege eben gleich bei der Landung auf einer Blüte merken, ob sie mitten im Nektar steht oder noch suchen muss.

Von Scolopidien
und der Bewegung von Panzerteilen

Wie auch immer sich ein Insekt bewegt – in jedem Falle werden die einzelnen Teile seiner festen Umhüllung gegeneinander verschoben. Benachbarte Sklerite nähern sich entweder, oder sie werden voneinander entfernt. Und man liegt ganz richtig, wenn man vermutet, dass Insekten dies als Möglichkeit nutzen, Bewegung wahrzunehmen.

Im Innern des Insektenkörpers liegen weit verbreitet Sinnesorgane, die jeweils zwischen zwei benachbarten festen Skleriten aufgespannt sind und darauf reagieren, dass sie beim Auseinanderweichen dieser Teile etwas gestreckt werden (Abb. 25). Man nennt sie Scolopidien. Früher wurden sie, neben den Sinneshaaren, als ganz eigenständige Sinnesorgane betrachtet. Inzwischen weiß man (zur Freude der Morphologen, die die Vielfalt der Strukturen gern auf möglichst wenige Urformen zurückführen möchten – wozu hat man schließlich die Idee der Evolution), dass die Scolopidien nichts anderes sind als ins Innere des Körpers verlagerte Mechanosensillen, die dabei allerdings den Haarschaft völlig eingebüßt haben.

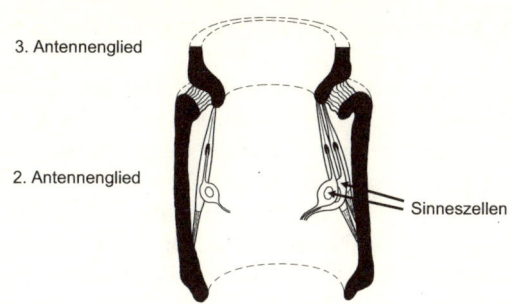

3. Antennenglied

2. Antennenglied

Sinneszellen

Abb. 25: Drei Scolopidien im 2. Antennenglied. Sie bilden zusammen mit vielen anderen das Johnstonsche Organ und nehmen Bewegungen der Antennengeißel (3. bis letztes Antennenglied) wahr. Nach Weber u. Weidner (1974).

Scolopidien können also Bewegungen des eigenen Körpers wahrnehmen. Sie sind z. B. seitlich zwischen aufeinander folgenden Skleriten des Abdomens aufgespannt. Wird der Körper in der Längsachse gebogen, so entfernen sich die Sklerite an der Außenseite der Biegung voneinander, wobei die Scolopidien gedehnt und damit gereizt werden.

Aber genau wie bei den Sensillen ist es wieder erstaunlich, auf welche Vielfalt an ganz unterschiedlichen Reizen die Insekten durch die Scolopidien zurückschließen können. Zwei besonders verblüffende Beispiele werden uns im Zusammenhang mit den Scolopidien im 2. Antennenglied der Insekten begegnen. Hier gibt es besonders viele Scolopidien, die insgesamt das Johnstonsche Organ bilden. Sie ziehen zur Basis des 3. Antennenglieds und überprüfen damit die Winkelstellung des 2. Glieds zum Rest der Antenne, der Geißel.

Oberflächenwellen als Echolot

Teichläufer (Gerridae, eine Familie der Wanzen; Abb. 4) benutzen Scolopidien in ihren Fußgliedern, um sich in vielfältiger Weise zu orientieren. Man sieht Teichläufer in jedem Tümpel auf der Wasseroberfläche herumlaufen, ohne dass sie einsinken. Jede ankommende Oberflächenwelle verändert nun die Winkelstellung der Fußglieder, und genau dies wird ausgenutzt:

So kann ein Beutetier geortet werden, das aufs Wasser gefallen ist und dort herumzappelt (die Richtung wird über die zeitliche Verschiebung bestimmt, mit der die Beine von den Wellen erreicht werden). Aber auch Wellen, die durch die eigene Fortbewegung erzeugt werden, halten als Informationsträger her. Niederfrequente Oberflächenwellen von 3–10 Hz etwa sagen den anwesenden Weibchen, dass hier ein kopulationsbereites Männchen schwimmt. Höherfrequente Wellen von 80–90 Hz dagegen sagen den Männchen, dass da ein anderes Männchen bereit ist, sein Revier zu verteidigen.

Taumelkäfer (Gyrinidae) flitzen ebenfalls auf der Wasseroberfläche umher. Allerdings stehen sie nicht auf dem Wasser, sondern sind wie ein Boot mit der unteren Körperhälfte eingesunken, gerade so weit, dass das 2. Glied ihrer Antenne auf dem Wasser schwimmt (Abb. 26). Gerade in diesem Glied liegen jedoch die vielen Scolopidien des Johnstonschen Organs, die Winkeländerungen zwischen 2. Antennenglied und Antennengeißel wahrnehmen. Die Geißel nun ist bei Taumelkäfern ein klöppelförmiges, dickes Teil. Eine ankommende Oberflächenwelle hebt das 2. Antennenglied an und verändert dabei den

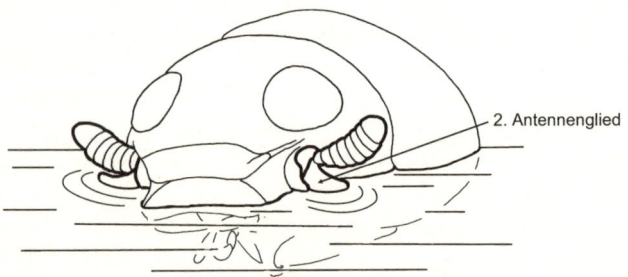

2. Antennenglied

Abb. 26: Kopf eines schwimmenden Taumelkäfers (Gyrinidae). Das seitlich verbreiterte zweite Antennenglied liegt auf der Wasseroberfläche. Durch Oberflächenwellen wird es gegen den klöppelförmigen Rest der Antenne bewegt, so dass die Scolopidien des Johnstonschen Organs in seinem Innern Beutetiere, aber auch Hindernisse orten können. Original.

Winkel zur Geißel, die als schwere Masse in ihrer Lage konstant bleibt.

Daraus machen die Taumelkäfer etwas sehr Verblüffendes. Sie nutzen die durch das eigene Schwimmen erzeugten Wellen als eine Art Echolot. Zurückgeworfene Wellen sagen ihnen nämlich, dass da ein Hindernis auf dem Wasser liegt. Dies ist die Erklärung für etwas, worüber sich frühere Beobachter immer gewundert haben: Taumelkäfer stoßen trotz ihrer enormen Geschwindigkeit auch in kleinen Aquarien niemals an die Wände an. Dass sie, wie die Teichläufer, auch zappelnde Beutetiere orten können, braucht man fast schon nicht mehr zu erwähnen.

Ein Ohr im Knie

Längenänderungen – und damit die richtigen Reize für Scolopidien – spielen auch bei Gehörorganen eine Rolle, die bei Insekten weiter verbreitet sind, als man zunächst annehmen möchte.

Der am häufigsten auftretende Typ von Gehörorgan heißt Tympanalorgan. Er findet sich – wie könnte es anders sein – bei vielen Insekten, die selber Töne erzeugen können (vorzugsweise zur Partnerfindung), also etwa bei Ruderwanzen (Corixidae), Zikaden, Grillen, Laubheuschrecken und Feldheuschrecken. Aber auch Tiere wie die Eulenfalter (Noctuidae), die sich selber ganz still verhalten, besitzen Tympanalorgane. Sinn machen die Gehörorgane hier, weil die Tiere nachts oder in der Dämmerung fliegen, und da ist es sicher von Vorteil, dass sie die Peiltöne von Fledermäusen hören können, um sich gegebenenfalls gleich fallen zu lassen.

Tympanalorgane sind an den unterschiedlichsten Stellen im Insektenkörper ausgebildet – nur nicht im Kopf, wo wir sie erwarten würden: Bei den Laubheuschrecken sitzen sie nahe des Kniegelenks in den Vorderbeinen (Abb. 27), bei den Feldheuschrecken seitlich im 1. Abdominalsegment, bei Ruderwanzen weiter vorn im 2. Thoraxsegment. Diese Vielfalt weist darauf hin, dass die Organe vielfach unabhängig voneinander erfunden wurden. Dabei ist ihr prinzipieller Aufbau immer gleich – eines der ungelösten Rätsel, wenn man sich um Verständnis für Tier-

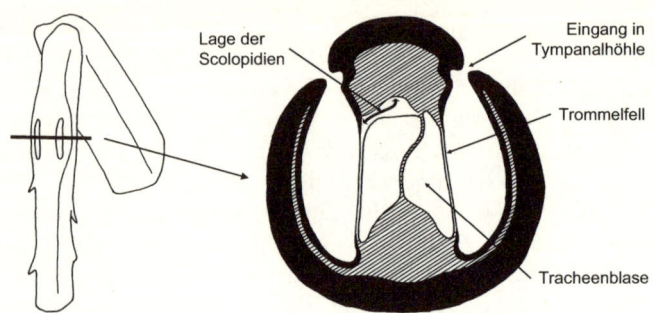

Abb. 27: Tympanalorgane nahe des Knies im Vorderbein einer Laubheuschrecke (Warzenbeißer, *Decticus verrucivorus*). Bei manchen Arten der Laubheuschrecken ist das Trommelfell von außen sichtbar. Der hier gezeigte eingesenkte Bau erhöht zweifellos den Schutz der zarten Membran. Cuticula schwarz. Nach Weber u. Weidner (1974).

organisation müht (s. das dorsale Diaphragma der Insekten, Kap. «Hilfe für das Herz»):

Im Gebiet des Tympanalorgans ist die dicke Cuticula der übrigen Oberfläche immer zu einem dünnen Häutchen, dem Trommelfell, umgestaltet, das durch Luftschall in Schwingungen versetzt werden kann. Unter ihm, auf der Innenseite des Körpers, liegt immer eine große Tracheenblase, so dass das Trommelfell unbehindert von Körperflüssigkeit zwischen zwei Lufträumen schwingen kann. Die Schwingung selber wird durch Scolopidien wahrgenommen, die so angeordnet sind, dass sie während der Schwingung gedehnt werden.

Aber es geht auch ganz anders. Die Männchen der Stechmücken (Culicidae) nutzen die Scolopidien im 2. Antennenglied (das schon erwähnte Johnstonsche Organ, Abb. 28) zum Hören. Die Antenne dieser Tiere ist im Bereich der Geißel (3. bis letztes Antennenglied) in kurzen Abständen mit Kränzen aus vielen, langen Haaren besetzt. Durch Luftschall, und zwar gerade durch einen Ton in der Nähe des Kammertons (440 Hz), wird die gesamte Geißel wegen dieser Behaarung in eine Längsschwingung versetzt – und das merken die Scolopidien des Johnstonschen Organs im 2. Antennenglied.

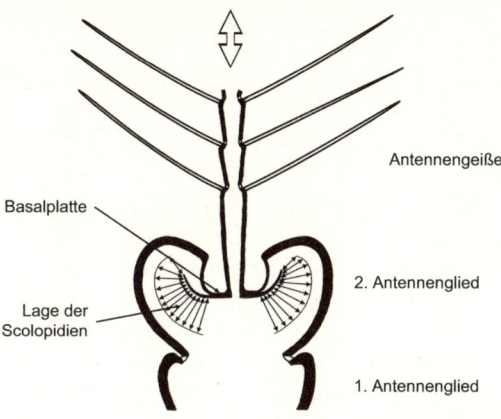

Abb. 28: Die zum Gehörorgan umgebaute Antenne einer männlichen Stech-
mücke (*Culex*). Töne von der Frequenz des weiblichen Flugtons versetzen die
Antennengeißel in Längsschwingungen (weißer Doppelpfeil), die sich auf eine
ringförmige Platte (Basalplatte) im Innern des 2. Antennenglieds fortsetzen. Insgesamt etwa 30 000 Scolopidien werden dadurch gereizt. Nach Risler aus Dettner u. Peters (1999).

Warum ausgerechnet so? Der Flugton der Weibchen hat genau diese Frequenz, so dass die Männchen fliegende Weibchen
orten können – mit den Antennen als Gehörorganen!! Sie selber
erzeugen natürlich einen anderen Flugton.

Insekten und Pflanzen: Ungleiche Gegner?

Insekten, die sich von Pflanzen ernähren, gehören zu nur wenigen Ordnungen. Vor allem sind es die Käfer, die Hautflügler, Schmetterlinge und Zweiflügler, auch die Schnabelkerfe und Heuschreckenartigen. Aber gerade diese Ordnungen enthalten riesige Anzahlen von Arten. Ein paar Beispiele: Ein Drittel der 360 000 bekannten Käferarten lebt von Pflanzen, praktisch alle Larven der 150 000 bekannten Schmetterlingsarten, ein Drittel der Larven der 120 000 Zweiflüglerarten.

Lange Zeit hat man in den Pflanzen die stillen Dulder gesehen, die das Gefressenwerden über sich ergehen lassen. Dass sie sich mit den ausgeklügeltsten Mitteln wehren und dass die Insekten darauf selber wieder mit raffinierten Maßnahmen antworten, wurde erst nach und nach klar. Zwischen Insekten und ihren Fraßpflanzen tobt – in aller Stille und daher umso unheimlicher – Krieg.

Saftsauger und Häuslebauer

Pflanzenfressende Insekten erschließen ihre Nahrung mit den verschiedensten Mitteln. Sehr viele Arten beißen einfach Stück für Stück von den Blättern oder Wurzeln ab. Viele leben – und dann meist als Larven – auch ganz im Innern ihrer Fraßpflanzen.

Eine Ausnahme bilden hier die Borkenkäfer (Scolytidae, Abb. 29), bei denen auch die Erwachsenen die meiste Zeit im Holz verbringen. Die Männchen graben zunächst eine Hochzeitskammer und locken dann mit Duftstoffen Weibchen heran. Bei vielen Arten sind es gleich mehrere Weibchen, mit denen sich ein Männchen verpaart. Jedes der Weibchen legt von der Hochzeitskammer aus einen langen Gang an, in dessen Wand die Eier in regelmäßigen Abständen abgelegt werden. Nach dem

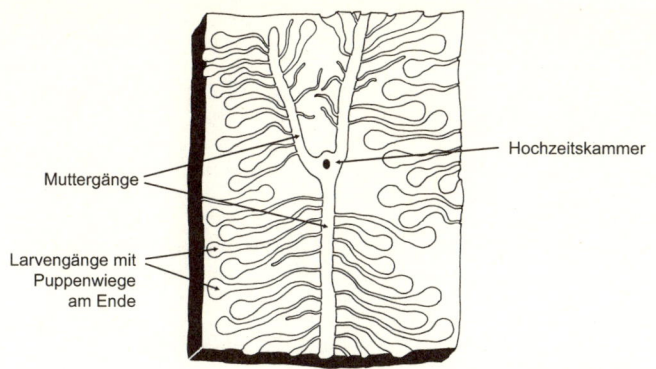

Hochzeitskammer

Muttergänge

Larvengänge mit
Puppenwiege
am Ende

Abb. 29: Fraßgänge des Großen Kiefernborkenkäfers (*Ips sexdentatus*) unter einem Stück losgelöster Rinde. Dunkler Fleck in der Mitte: Einbohrloch des Männchens. Die Muttergänge stammen von drei Weibchen. Die Larven halten beim Graben der eigenen Fraßgänge offenbar einen Mindestabstand ein; bei Platzmangel können sie ihre Entwicklung nicht vollenden (z. B. oberer Teil, Mitte). Nach Brauns (1991).

Schlupf gräbt sich jede Larve dann von diesem Muttergang aus einen eigenen Gang, wodurch insgesamt ein regelmäßiges und für jede Art sehr spezifisches Muster von Fraßgängen unter der Rinde entsteht.

Bei vielen Insektenarten sind die Mundgliedmaßen zu einem Stech-Saug-Rüssel umgebaut, mit dem sie ins Innere von Pflanzengewebe eindringen und es aussaugen. Die meisten Saftsauger gehören zu den Schnabelkerfen mit z. B. den Blattläusen (Aphidina), Zikaden (Cicadina) und Wanzen (Heteroptera). Viele dieser Arten haben eine besonders effiziente Art der Nahrungsaufnahme gefunden: Sie stechen mit dem Rüssel die Leitbündel der Pflanzen an und haben dann, weil fortwährend Pflanzensaft in den Leitbündeln fließt, eine schier unerschöpfliche Nahrungsquelle vor sich.

Einige Arten machen etwas ganz Ausgefallenes: Sie wickeln Blätter so zurecht, dass sich die Larven darin ungestört entwickeln und von dem Blatt fressen können. Bei manchen Miniermotten beispielsweise (Gracillariidae) machen das die Larven

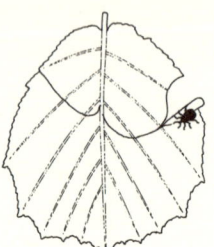

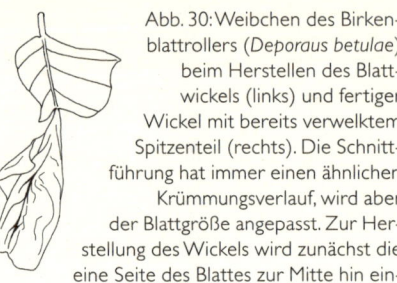

Abb. 30: Weibchen des Birkenblattrollers (*Deporaus betulae*) beim Herstellen des Blattwickels (links) und fertiger Wickel mit bereits verwelktem Spitzenteil (rechts). Die Schnittführung hat immer einen ähnlichen Krümmungsverlauf, wird aber der Blattgröße angepasst. Zur Herstellung des Wickels wird zunächst die eine Seite des Blattes zur Mitte hin eingerollt, dann die andere Seite darumgelegt. Befestigen der Umgänge durch Rüsselstiche ohne Klebematerial. Eiablage in Taschen unter die Epidermis des Blattes. Links: nach Daanje aus Honomichl (1998); rechts: Original.

selbst, nachdem sie eine Zeit lang im Innern eines Blattes gefressen hatten. Sie rollen ein Blatt ein (bei manchen Arten arbeiten dabei mehrere Tiere gemeinsam) und heften es mit Spinnfäden zusammen, die rasch erstarren und sich dabei zusammenziehen, was den Wickel samt den seitlichen Öffnungen erst richtig eng werden lässt.

Bei den Attelabidae (Blattrollern) und manchen Rhynchitidae (Abb. 30), beides Käferfamilien, die bis vor kurzem zu den Rüsselkäfern (Curculionidae) gerechnet wurden, arbeitet das Weibchen in der Regel allein für seine Jungen. Es schneidet Blätter von der Seite her an und nagt noch etwas in die Mittelrippe hinein, so dass der Spitzenteil des Blattes welkt und später oft auch abfällt. Dieser Spitzenteil wird (quer oder längs, je nach Art) in mühsamer Arbeit zusammengerollt und bildet so eine sichere Behausung für die Jungen.

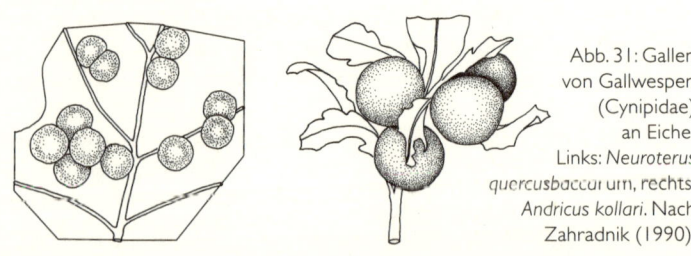

Abb. 31: Gallen von Gallwespen (Cynipidae) an Eiche. Links: *Neuroterus quercusbaccarum*, rechts: *Andricus kollari*. Nach Zahradnik (1990).

Eine sehr komplizierte – und noch weitgehend geheimnis-volle – Art des Nahrungserwerbs entwickelten schließlich die Gallbildner, vor allem die Gallmücken (Cecidomyiidae) und Gallwespen (Cynipidae, Abb. 31): Ihre Larven veranlassen die Pflanze mit Hilfe von bestimmten chemischen Stoffen in ihrem Speichel (Cytokine und Auxine) zu Wucherungen, in denen sie dann verborgen leben und die sie von innen befressen können. Das Merkwürdige dabei ist, dass diese Wucherungen ganz bestimmte Formen annehmen, die für jede Insektenart spezifisch ausfallen – auch dann, wenn sie von derselben Pflan-ze gebildet werden.

Unauffällig lebt man länger

Insekten, die Pflanzen von außen befressen, sind vielerlei Unbil-den ausgesetzt. Vor allem bieten sie sich während ihrer Nah-rungsaufnahme Fressfeinden geradezu an. Aber sie tun etwas zu ihrem Schutz.

Viele Arten tarnen sich durch eine der Umgebung angepasste Färbung. Das muss kein einheitliches Grün sein. Weit verbreitet ist eine recht fleckige Farbverteilung wie etwa bei der Raupe des Großen Gabelschwanzes (*Cerura vinula*, eine Art der Notodon-tidae, Zahnspinner, Abb. 32). Losgelöst von der Umgebung, er-scheint eine solche Färbung zunächst ziemlich unorganisch, weil sie so gar nicht mit dem Umriss harmoniert. Aber genau das ist der Sinn: Der Körper wird optisch in mehrere Stücke zer-teilt, so dass immerhin eine gewisse Chance besteht, dass ein Fressfeind ihn gar nicht richtig erkennt.

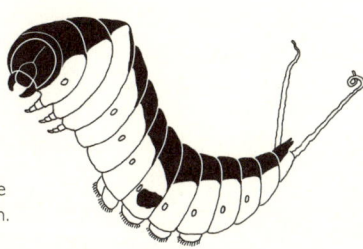

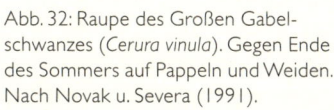

Abb. 32: Raupe des Großen Gabel-schwanzes (*Cerura vinula*). Gegen Ende des Sommers auf Pappeln und Weiden. Nach Novak u. Severa (1991).

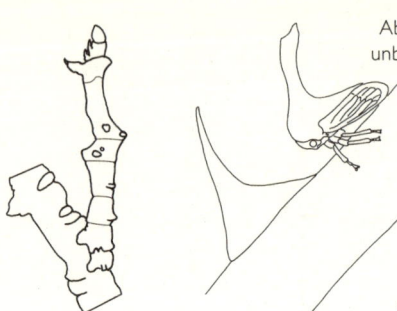

Abb. 33: Tarnung durch Nachahmung unbeweglicher, nicht essbarer Objekte (Mimese). Links: Die Raupe eines Spanners (*Ennomos quercinaria*) an einem Eichenzweig. Nach Honomichl (1998). Rechts: Eine Buckelzirpe (*Umbonia crassicornis*, Florida) auf einem Rosenzweig. Der große Fortsatz auf der Rückenseite des Tieres entsteht durch Vergrößerung des Halsschildes. Nach O'Toole (1996).

Eine ganze Reihe von Arten ist noch radikaler vorgegangen: Diese Tiere ahmen mit ihrem ganzen Körper Pflanzenteile nach (Abb. 33) und sind, wenn sie sich entsprechend ruhig verhalten, dann kaum zu erkennen. Manche Raupen der Spanner (Geometridae, eine Familie der Schmetterlinge) etwa sehen aus wie ein Aststückchen, wenn sie sich in Ruhestellung mit den hinteren Beinen festhalten und den gesamten, bräunlich gefärbten und mit knospenähnlichen Verdickungen versehenen Körper seitlich von einem echten Pflanzenast wegstrecken.

Manche Arten setzen gleich auf zwei Strategien: Zunächst einmal verbergen sie sich, so gut es geht, mit Hilfe ihrer Färbung. Werden sie jedoch gestört, dann versuchen sie, den Angreifer durch plötzliches Aufzeigen auffälliger Muster zu verwirren. Die Eulenfalter (Noctuidae) z. B. haben in Ruhe die dunklen, wie Baumrinde gefärbten und gemusterten Vorderflügel über den Körper gelegt, so dass die Tiere auf entsprechendem Untergrund vollständig verschwinden. Manche Arten der Gattung *Catocala* jedoch (z. B. das Rote Ordensband) oder auch die *Noctua*-Arten haben kräftig rot oder gelb, auch blau gefärbte Hinterflügel, die plötzlich vorgezeigt oder spätestens beim Davonfliegen sichtbar werden.

Nicht wenige Arten helfen sich gegen Feinde auch dadurch, dass sie um sich herum ein Gespinst aufbauen, unter dem sie dann in Ruhe fressen können. Die Raupen der Gespinstmotten (Yponomeutidae) tun dies sogar zu vielen gemeinsam und überziehen im Laufe eines Sommers, indem sie die Gespinste auf im-

mer neue Zweige ausdehnen, ganze Büsche mit einem locker ge-
webten, weißlichen Überzug.

Von schwieriger Nahrung
und fremder Hilfe beim Verdauen

Die Vielzahl der Insekten, die sich von Pflanzen ernähren,
ist unübersehbar. Dabei haben sie es mit dieser Nahrung gar
nicht so leicht. Cellulose etwa, ein Hauptbestandteil der festen
Wände von Pflanzenzellen, ist für die von den Insekten gebildeten Verdauungssäfte ein unangreifbares Molekül. Damit wäre
gleich ein großer Teil der mühsam abgebissenen Pflanzenteile
nutzlos – wenn die Insekten nicht eine sehr aufregende Lösung
gefunden hätten, wie sie dieses Polysaccharid doch verwerten
können.

So gut wie alle pflanzenfressenden Insekten beherbergen in
ihrem Innern, oft in besonderen Gärkammern des Darms,
fremde Organismen, meist spezielle Bakterien. Sie übernehmen
die Spaltung und damit Nutzbarmachung der Cellulose. Bei den
nahe miteinander verwandten Termiten und Schaben ist es besonders kompliziert: In ihrem Darm leben ganz bestimmte Ein-
zeller (Arten der Gruppe Tetramastigota), die man nur hier finden kann. Sie enthalten in ihrem Körper Bakterien, und die sind
es endlich, die Cellulose spalten können.

Die Fremdorganismen im Körper der Insekten (sie werden
Symbionten genannt) liefern noch andere wichtige Stoffe, die in
Pflanzennahrung gar nicht vorhanden sind: bestimmte Aminosäuren (die für den Aufbau der Eiweiße nötig sind), aber auch
eine Reihe von Vitaminen und Enzymen. Ohne das Zusammenleben mit Symbionten hätte Pflanzennahrung von den Insekten
wohl nicht in so großem Umfang genutzt werden können.

Nebenbei bemerkt, entpuppt es sich als eines der spannends-
ten Kapitel zur Biologie der Insekten, wenn man sich ansieht,
wie die Symbionten von Generation zu Generation weitergege-
ben werden. Die Vielfalt ist hier unerschöpflich. Nur ein Beispiel: Die Weibchen der Kugelwanzen (Plataspididae, Abb. 34)
legen zwischen ihre Eier dunkle Kügelchen, die mit Symbionten

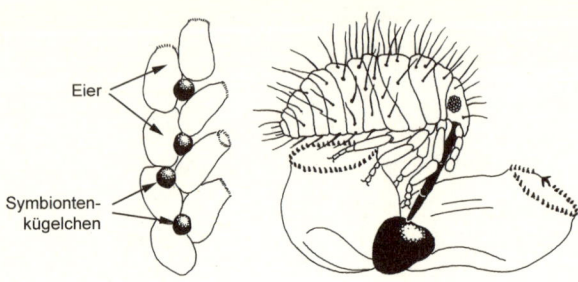

Abb. 34: Übertragung der Symbionten auf die nächste Generation bei der Kugelwanze *Coptosoma scutellatum*. Links: Gelege mit den Symbiontenkügelchen. Rechts: Frisch geschlüpfte Larve saugt an einem Symbiontenkügelchen. Nach Koch aus Honomichl (1998).

angefüllt sind. Die frisch geschlüpften Larven nun begeben sich nicht gleich eilig davon, sondern saugen als Erstes – als ob sie schon immer gewusst hätten, wie lebensnotwendig dies sein würde – diese Kügelchen aus!

Natürlich haben auch die Saftsauger damit zu kämpfen, dass wichtige Stoffe wie Aminosäuren nur in ganz geringer Menge in ihrer Nahrung vorhanden sind. Blattläuse oder Zikaden etwa, die die Leitbündel von Pflanzen anbohren, nehmen also so etwas wie eine Mangelnahrung auf. Aber andererseits sprudelt ihnen, wenn sie mal ein Leitbündel mit ihrem Saugrüssel angezapft haben, der Saft in unerschöpflicher Menge entgegen. Ihre Strategie ist daher ganz einfach: Sie lassen den Saft so lange laufen, bis sie auch die selteneren Bestandteile in genügender Menge aufgenommen haben.

Das einzige Problem ist dann, die überschüssigen Mengen loszuwerden. Die einfachste Lösung, den ungenutzten Teil der Nahrung aus dem After auszuscheiden, scheint nicht unproblematisch zu sein. Jedenfalls haben viele Arten, z. B. die Zikaden, eine sehr aufwendige Lösung dafür gefunden, dass der überschüssige Saft den Mitteldarm gar nicht passieren muss:

In ihrem Darm ist ein Kurzschluss eingebaut (Abb. 35). Der Mitteldarm bildet eine große Schleife, so dass sein hinterer Abschnitt sich eng an den vorderen Teil anlegen kann. An dieser

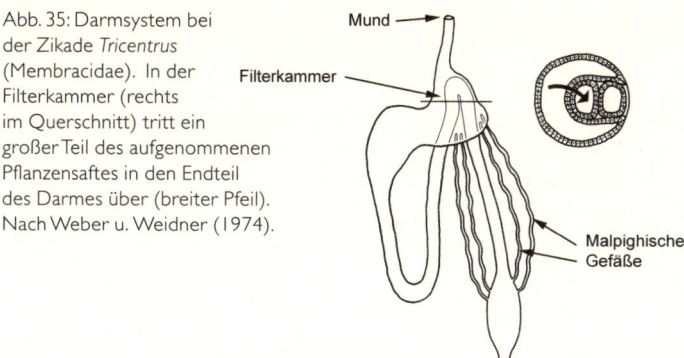

Abb. 35: Darmsystem bei der Zikade *Tricentrus* (Membracidae). In der Filterkammer (rechts im Querschnitt) tritt ein großer Teil des aufgenommenen Pflanzensaftes in den Endteil des Darmes über (breiter Pfeil). Nach Weber u. Weidner (1974).

Stelle ist eine komplizierte Filterkammer entstanden, über die der Großteil des aufgenommenen Saftes direkt in den Endabschnitt des Darms übergeleitet wird und die große Darmschleife gar nicht durchlaufen muss.

Tröpfchen für Tröpfchen quillt dann aus dem After heraus, und da nur etwa ein Zehntel des reichlich vorhandenen Zuckers vorher entnommen wurde, sind die ausgeschiedenen Tröpfchen (man nennt sie Honigtau) eine ganz wertvolle Nahrung für eine Reihe anderer Tiere: für Ameisen etwa (Abb. 36), die so wild darauf sind, dass sie bestimmte Blattlausarten hegen und pflegen und gegen Feinde verteidigen. Aber auch wir Menschen sind Nutznießer, denn ausgerechnet den wohlschmeckenden Waldhonig gewinnen Honigbienen, indem sie Honigtau vom After der Baumläuse (Lachnidae) abnehmen.

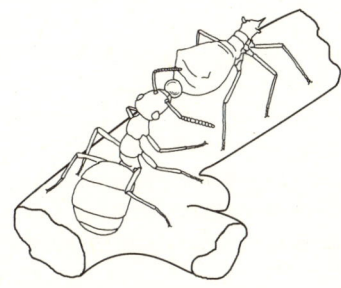

Abb. 36: Eine Ameise (*Formica*) nimmt einen Honigtautropfen vom After einer Blattlaus (*Lachnus roboris*) ab. Nach Bellmann aus Honomichl u. Bellmann (1996).

Ein Kampf im Verborgenen:
Insekt gegen Nahrungspflanze

Pflanzen hauen nicht wild um sich, wenn sie von Insekten angefressen werden. Ihre Abwehr ist viel subtiler.

Manche Maßnahmen werden erst dann ergriffen, wenn der Fraß schon begonnen hat: Lärchen etwa bauen nach einem Kahlfraß mehr schwer verdauliche Fasern in die neuen Nadeln ein. Viele Pflanzen produzieren, wenn sie befressen werden, sofort bestimmte Eiweiße in ihren Blättern, die ihrerseits die Verdauung von Eiweißen im Insektendarm nachhaltig behindern.

Andere Maßnahmen ergreifen die Pflanzen von vornherein. Man kennt inzwischen Hunderttausende von chemischen Verbindungen, die in Pflanzen aufgebaut werden, ohne dass sie im pflanzlichen Stoffwechsel selbst eine Rolle spielen würden. Ihre Bedeutung liegt allein in der Abwehr von Insekten.

Langlebige Pflanzen wie Bäume und Sträucher leisten sich z. B. die sehr aufwendige Herstellung von Tanninen, die sich an Eiweiße anlagern und sie dadurch schwer verdaulich machen. Bei Kräutern, die selber nicht lange leben und daher mit ihren Kräften haushalten müssen, sind eher chemische Keulen wie Alkaloide oder Terpene zu finden. Das sind Substanzen, die ohne großen Aufwand herzustellen sind, aber auf verschiedenste Weise in einem tierischen Organismus giftig wirken.

Trotzdem fressen die Insekten munter weiter an den Pflanzen. Wie kommt das? Es ist wie überall in der Natur: Jedes funktionierende Zusammenleben von Organismen beruht darauf, dass die einen sich nicht vollständig vor den anderen schützen können, weil die anderen die Schutzmaßnahmen zum Teil überwinden können. Auf diese Weise ist der Fortbestand eines jeden gesichert.

Wie Insekten die Schutzmaßnahmen der Pflanzen überwinden, ist manchmal leicht zu durchschauen. So ist es auffällig, dass der Fraß an den Blättern von Laubbäumen vor allem im Frühjahr erfolgt. Insekten, die es geschafft haben, ihre Entwicklung in diese Jahreszeit zu legen, umgehen damit die Wirkung der Tannine – sie sind dann noch nicht aufgebaut.

Andere Maßnahmen sind diffiziler. Viele pflanzenfressende Insekten haben besondere Verdauungsenzyme entwickelt (so nennt man ganz allgemein Eiweiße, die beim Abbau der Nahrungsstoffe helfen). Diese Enzyme wirken auf die giftigen Inhaltsstoffe der Fraßpflanzen ein und machen sie unschädlich. Im Laufe der Evolution ist es in dieser Beziehung offenbar zu einer Art Rüstungswettlauf gekommen: Die Pflanzen entwickelten immer neue und speziellere Giftstoffe, und die Insekten antworteten darauf mit immer neuen Enzymen, die dagegen wirken. Das Ende vom Lied ist, dass viele Insektenarten nur eine ganz bestimmte Pflanzenart befressen können, weil sie offenbar nur gegen deren Gifte Abwehrstoffe gebildet haben.

Wahrscheinlich sind es oft auch die schon erwähnten Symbionten, die die giftigen Inhaltsstoffe von Fraßpflanzen unschädlich machen. Bekannt ist dies z. B. von einem ganz besonderen Pilz, den Blattschneiderameisen (*Atta*) in ihrem Nest hegen und pflegen. Der Pilz ist ausschließlich aus diesen Nestern bekannt und wird in einem regen Handel zwischen verschiedenen Nestern, sogar zwischen den Nestern ganz verschiedener *Atta*-Arten ausgetauscht. Um ihre eigene Ernährung sicherzustellen, sorgen die Ameisen für die Ernährung und gute Entwicklung dieses Pilzes: Sie tragen pausenlos Blattstückchen als Nährsubstrat für ihn ein und erleichtern ihm den Abbau von Eiweißen, indem sie über ihren Kot die entsprechenden Enzyme liefern. Der Pilz selbst kann die pflanzliche Cellulose abbauen und darüber hinaus eine ganze Reihe giftiger pflanzlicher Inhaltsstoffe unschädlich machen. So brauchen die Ameisen also nur den Pilz anzuknabbern, um eine vollwertige und giftfreie Kost zu erhalten – ein Zusammenleben, das offenbar schon seit Millionen von Jahren bestens funktioniert.

Dafür waren die Pflanzengifte nicht gedacht

Bei Insekten scheint nichts unmöglich zu sein. So verwundert es fast nicht zu hören, dass manche Arten es in der Tat geschafft haben, sogar die pflanzlichen Gifte noch zu ihrem Vorteil zu nutzen. Sie können aus irgendeinem Grund größere Mengen bestimmter Pflanzengifte, die sie beim Fressen aufnehmen, in ihrem eigenen Körper anreichern, ohne geschädigt zu werden – und sind dann selber für eventuelle Fressfeinde ungenießbar.

Bekannt dafür sind z. B. verschiedene Blattkäfer (Chrysomelidae), die an Weiden fressen und dabei Salicin aufnehmen, das sie zu Salicylaldehyd umbauen, einem Abwehrstoff, von dem Larven und erwachsene Käfer gleichermaßen profitieren.

Besonders beeindruckend sind einige, vor allem tropische Bärenspinner (Arctiidae, eine Familie der Schmetterlinge). Sie nehmen als Larven Pyrrolizidin-Alkaloide von ihren Fraßpflanzen auf und reichern sie in ihrem Körper so an, dass noch die erwachsenen Männchen und Weibchen einen hohen Gehalt an diesen Giftstoffen aufweisen. Das Weibchen übergibt die Alkaloide sogar – zu deren Schutz – an die Eier und benutzt dabei zusätzliche Alkaloide, die es während der Kopulation vom Männchen erhalten hat.

Nun hängt der Gehalt an Alkaloiden in den Erwachsenen aber stark davon ab, wie viel die Larve davon beim Fressen aufgenommen hatte. Es liegt also sehr im Interesse des Weibchens, ein Männchen mit möglichst viel Gift im Körper für die Kopulation zu erwischen. Und das wird elegant geregelt: Aufgrund irgendeines geheimnisvollen Zusammenhangs können Männchen mit hohem Giftgehalt mehr Sexuallockstoffe produzieren. Ein Weibchen braucht also nur dem stärksten Duft zu folgen und kann dann sicher sein, seinen Eiern viel Gift und damit viel Schutz mit auf den Weg geben zu können!

Nebenbei bemerkt: Man sollte meinen, dass diese Schmetterlinge es also geschafft haben, in allen ihren Lebensphasen absolut sicher leben zu können. Weit gefehlt. Bestimmte Brackwespen (Braconidae) suchen die Raupen von ebendiesen Schmetterlingen und legen Eier an ihren Körper, so dass die später schlüpfenden Larven den Raupenkörper als lebende Nahrungsquelle nutzen und ihn nach und nach auffressen können. Und die Ironie der Geschichte liegt darin, dass die Raupen just durch den Geruch gefunden werden, den die Giftstoffe in ihrem Körper verbreiten …

Die Evolution hat, obwohl man ihren Verlauf nur als andauernde Veränderungen nach dem Schema Versuch und Irrtum ansieht, Anpassungen in vielfältigster Weise hervorgebracht, die wir schlicht als zweckmäßig beschreiben. So kann man geradezu erwarten, dass Insekten, die Giftstoffe in ihrem Körper anreichern, sich nicht verstecken müssen, sondern im Gegenteil ihre Giftigkeit deutlich und warnend anzeigen.

Und in der Tat findet man gerade bei diesen Insekten und sogar bei ihren Eiern (wenn sie denn, wie bei den erwähnten Bärenspinnern, Gifte mitbekommen haben) die schrillsten, auffälligsten Farben. Das hilft zwar einem Einzeltier nichts, wenn es an einen noch unerfahrenen Fressfeind gerät. Aber der wird eine widerlich schmeckende Insektenart gerade aufgrund ihrer Auffälligkeit wiedererkennen und den Irrtum, da hineinzubeißen, nicht oft wiederholen – und das hilft dann der Art als Ganzem beim Überleben.

Gibst Du mir, geb ich Dir: Blütenbestäubung

Der Krieg zwischen Pflanzen und Insekten erscheint in der bisher geschilderten Form aus Sicht der Pflanzen als reiner Verteidigungskampf: Die Insekten treten als Angreifer auf, und die Pflanzen wehren sich dagegen. In wenigstens einer Beziehung haben es die Pflanzen jedoch geschafft, aus dem Angriff der Insekten Vorteile für sich selber herauszuschlagen. Sie bieten den Insekten eine spezielle Nahrung geradezu an, Pollen (die sehr eiweißreich sind) und Nektar (eigentlich nur Zuckerwasser), und erhalten dadurch, dass sich die Insekten während des Aufenthalts in der Blüte unweigerlich mit Pollen auch einpudern und dann zur nächsten Blüte fliegen, eine sichere Bestäubung.

Seit dem Erdmittelalter hat sich da, zum beiderseitigen Vorteil, ein sehr kompliziertes Beziehungsgeflecht herausgebildet, das sicherlich wesentlich zu dem enormen Artenreichtum von Blütenpflanzen einerseits und Insekten andererseits beigetragen hat.

Die Pflanzen tun von ihrer Seite aus alles, um Insekten anzulocken. Sie bilden auffällige Blüten, die farblich in hohem Maße

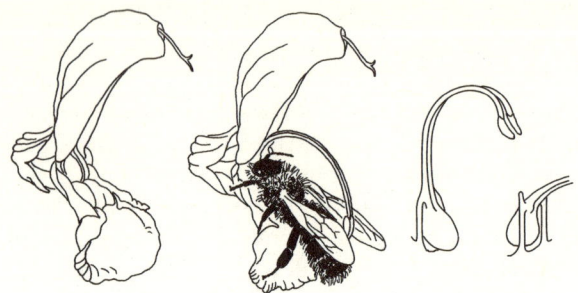

Abb. 37: Honigbiene (*Apis mellifera*) beim Besuch einer Salbeiblüte. Beim Vordringen zum Blütenboden stößt die Biene mit ihrem Kopf gegen eine basale Verdickung der Staubgefäße, wodurch sie auf den Rücken der Biene umklappen und ihn dabei mit Pollen bepudern (rechts: die besondere Aufhängung der Staubgefäße). Die Narbe kommt in diesem jungen Zustand der Blüte mit der Biene nicht in Berührung. Nach Robert aus Wigglesworth (1971).

an das Farbsehen der Insekten angepasst sind (s. Kap. «Das ganz andere Auge»), sie verströmen Duft und bilden reichlich Pollen und Nektar. Der Blütenbau ist oft bis in Details für bestimmte Bestäuber eingerichtet. Viele Lippen- und Schmetterlingsblütler z. B. sind an Hautflügler angepasst und bieten ihnen einen Landeplatz an (Abb. 37). Von dort aus müssen die Hautflügler ins Innere einer Röhre kriechen, an deren Grund der Nektar gebildet wird. Dabei setzen sie oft spezielle Mechanismen in Gang, etwa das Umklappen von Staubgefäßen, durch die ihr Körper mit Pollen eingepudert wird.

Schmetterlinge wie etwa die Schwärmer (Sphingidae, Abb. 38) stehen im Schwirrflug vor einer Blüte und fahren dabei ihren langen Saugrüssel aus. Für sie eingerichtete Blüten (z. B. Geißblattgewächse oder auch der Schmetterlingsstrauch) bilden entsprechend eine lange, enge Röhre mit schmalem Rand aus – manchmal ist sie gerade eben so lang wie der Rüssel einer bestimmten Schmetterlingsart. Der Nektar liegt tief unten verborgen, der Pollen dagegen nahe der Mündung, so dass der Schmetterling sich beim Saugen unweigerlich mit Pollen einpudert.

Wie fein ausbalanciert das gesamte System ist, ahnt man, wenn man sich überlegt, dass die Pflanzen weder zu wenig noch

Abb. 38: Ein Nachtkerzen-Schwärmer (*Proserpinus proserpina*) saugt im Schwirr-flug an einer Fliederblüte. Nach Weidemann u. Köhler (1996).

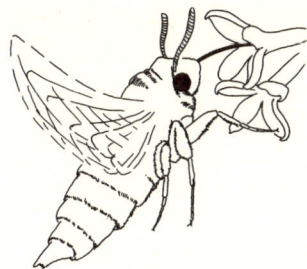

zu viel an Nahrung anbieten dürfen: Zu wenig Nahrung würde zu wenig Anreiz erzeugen, überhaupt zu kommen. Und zu viel würde das Bestreben der Insekten verringern, zur nächsten Blüte weiterzufliegen.

Gerade in dieser Hinsicht tragen die Insekten sehr zum Erfolg der Beziehung bei: Sie bleiben im Laufe ihrer Blütenbesuche wenigstens eine Zeit lang bei derselben Pflanzenart – und nur dadurch ist für die Pflanzen der Bestäubungseffekt gesichert. Dieses Verhalten ist durchaus noch nicht vollständig verstanden. Aus Sicht der Insekten mag es deswegen von Vorteil sein, weil sie dann sicher sein können, wieder eine reiche Nahrungsquelle anzutreffen, wenn schon die erste Blüte lohnend war. Aber sicherlich verbergen sich hier noch viele andere Zusammenhänge. Schließlich stehen auch die Pflanzenarten untereinander in Konkurrenzkampf und sollten versuchen, sich die Bestäuber gegenseitig abspenstig zu machen.

Ein ausgewogenes Verhältnis zwischen verschiedenen Arten von Lebewesen wie hier zwischen Insekten und Pflanzen, bei dem beide Seiten Vorteile haben, nennt man in der Biologie eine Symbiose. Ein anderes Beispiel hatten wir schon mit den Bakterien und Pilzen kennen gelernt, die den Insekten bei der Verdauung helfen. Eine Symbiose entsteht wohl nicht, weil beide Seiten einander etwas Gutes tun wollen, sondern weil beide Seiten ihre Vorteile aus dem Kampf gegeneinander ziehen können. So kann man es verstehen, dass eine solche Beziehung auch wieder zu einem Verhältnis mit sehr einseitigem Vorteil entgleisen kann. Selbst bei dem eingespielten und hochkomplexen Bestäubungs-

Abb. 39: Zwei Männchen der Sandbiene *Andrena nigroaenea* versuchen, mit dem Labellum (einem Blütenblatt) der Ragwurz *Ophrys sphegodes* zu kopulieren. Nach einem Foto von FP Schiestl.

verhältnis zwischen Pflanzen und Insekten lässt sich das beob-achten:

Verschiedene Hummeln (*Bombus*) z. B. erreichen, etwa beim Fingerhut oder beim Eisenhut, den tief in einer Röhre liegenden Nektar mit ihrem kurzen Rüssel gar nicht auf dem vorgesehe-nen Wege. Aber sie beißen einfach von der Seite her ein Loch in die Blütenröhre – und betrügen die Pflanze damit um die Be-stäubung, da sie mit dem Pollen gar nicht in Berührung kom-men. Und Pflanzen wie die Orchideen der Gattung *Ophrys* (Abb. 39) locken die Männchen bestimmter Wildbienenarten mit einem ganz hinterhältigen Trick an, ohne irgendwelche Nahrung zu bieten: Sie ahmen mit ihren Blütenblättern die weiblichen Formen dieser Arten nach, senden sogar dieselben Duftstoffe wie solche Weibchen aus und veranlassen so die Männchen, auf den Blüten zu landen – zum Kopulieren, wie sie wohl meinen. In Wirklichkeit beschmieren sie sich nur mit für sie nutzlosen Pollen.

Fortpflanzung

Rollenverteilung der Geschlechter – nichts für Machos

Viele Verhaltensweisen, die man im Zusammenhang mit der Fortpflanzung im Tierreich beobachten kann, lassen sich verstehen, wenn man eine sehr einfache und ohne weiteres akzeptable Grundannahme macht: Jedes Lebewesen ist bestrebt, sein eigenes Erbgut an möglichst viele Nachkommen weiterzugeben.

Kompliziert wird das Ganze dadurch, dass der Aufwand, den die beiden Geschlechter pro fortpflanzungsfähigem Nachkommen treiben müssen, unterschiedlich groß ist. Männchen investieren oftmals erheblich weniger als Weibchen. Ihre Spermien sind mit geringem Aufwand herstellbar, und wenn sie sich nach der Kopulation gleich wieder aus dem Staub machen, haben sie viel weniger Energie investiert als Weibchen, die allein schon für die Produktion der nährstoffreichen Eier, gegebenenfalls noch zusätzlich bei der Brutfürsorge und Brutpflege großen Aufwand treiben müssen.

Ein Männchen kann also – wenn es denn insgesamt den gleichen Aufwand wie ein Weibchen treibt – sehr viel mehr Nachkommen erzeugen als ein Weibchen. Ein einziges Männchen könnte, überspitzt formuliert, die gesamten in einer Population vorhandenen Weibchen begatten. Daher bewerben sich immer gleich mehrere Männchen um dasselbe Weibchen. Und genau das ist der Punkt, an dem sich auch die Männchen Arbeit einhandeln: Sie müssen einige Anstrengungen unternehmen, um überhaupt zu einer Kopulation zu kommen. Die Weibchen als Mangelware dagegen können es sich erlauben, wählerisch zu sein.

Männchen: Rackern für ein paar Kopulationen

Die meisten Männchen reiben sich in der Tat geradezu auf, um möglichst viele Geschlechtspartnerinnen für sich zu gewinnen. Das fängt schon damit an, dass sie die Weibchen suchen müssen: Männliche Nachtschmetterlinge folgen dem Geruch der weiblichen Sexualduftstoffe über weite Strecken, Leuchtkäfermännchen (Lampyridae) suchen nach den Lichtsignalen ihrer sitzenden, flugunfähigen Weibchen, Männchen von Tagschmetterlingen nach den optischen Mustern der Weibchen.

Haben sie dann ein Weibchen gefunden, sind oft schon andere Männchen da. Und wenn – nach der obigen Grundannahme – jedes von ihnen sein eigenes Erbgut weitergeben will, kann das Kampf bedeuten. In der Tat kennt man Rivalenkämpfe von einer Vielzahl von Arten. Sie können martialisch anmuten wie beim Hirschkäfer (*Lucanus cervus*, Abb. 40), wo die Männchen versuchen, sich gegenseitig mit ihren riesigen Mandibeln vom Baum zu hebeln, aber auch eher gesittet und hochstilisiert wie beim Großen Eichenbock (*Cerambyx cerdo*), bei dem sich die Männchen gegenseitig so lange anzirpen, bis einer aufgibt.

Oft setzt das Ausschalten anderer Männchen schon ein, lange bevor ein Weibchen in Sicht ist. Die Männchen der Wollbienen (*Anthidium*) z. B. warten in einem bestimmten, gegen andere Männchen verteidigten Gebiet auf Weibchen. Erstaunlich weitsichtig mutet die Wahl des Gebiets an: Es geht den Männchen nicht um ein paar Quadratmeter Boden; sie verteidigen vielmehr bestimmte Pflanzen, die von den (später schlüpfenden)

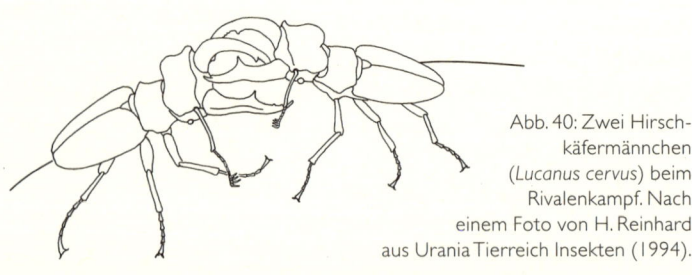

Abb. 40: Zwei Hirschkäfermännchen (*Lucanus cervus*) beim Rivalenkampf. Nach einem Foto von H. Reinhard aus Urania Tierreich Insekten (1994).

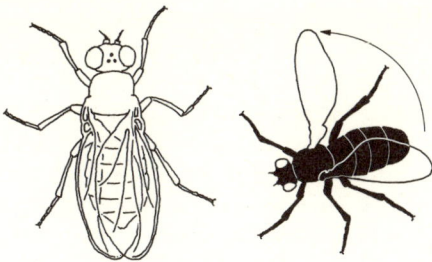

Abb. 41: Teil der Balz bei der Kleinen Essigfliege (*Drosophila melanogaster*). Männchen schwarz. Nach Manning aus Honomichl (1998).

Weibchen mit Sicherheit besucht werden, so dass sie in ihren Revieren nur auf deren Ankunft zu warten brauchen.

Erinnern wir uns, dass Weibchen einen Bewerber auswählen dürfen. Es ist daher verständlich, dass die Männchen vieler Insektenarten versuchen, sich als die beste Wahl zu präsentieren: Sie balzen. Dabei können Farbmuster eine wesentliche Rolle spielen, vor allem solche auf den Flügeln, die dann auffällig bewegt und dem Weibchen präsentiert werden. Bekannt ist dies z. B. von den Tagschmetterlingen, aber auch von vielen Zweiflüglern wie den Fruchtfliegen (Tephritidae).

Wahrscheinlich spielen aber oft auch andere Reize eine Rolle. Untersucht ist dies bei der Kleinen Essigfliege (*Drosophila melanogaster*, Abb. 41). Die Tiere finden sich zuhauf auf gärendem Obst und überschwemmen im Herbst ganze Ortschaften, wenn dort Weintrauben geerntet und verarbeitet werden. Das Männchen tanzt mehrfach um das Weibchen herum und spreizt auch immer wieder einen der (recht unauffälligen) Flügel in einer besonderen Weise ab – die entscheidenden Signale bestehen jedoch in Vibrationen des abgespreizten Flügels und in dem Luftstrom, der dabei erzeugt wird und bestimmte Geruchsstoffe zum Weibchen fächelt.

Die Männchen von Heuschrecken und Grillen, auch von Zikaden erzeugen Zirplaute, und von vielen Arten sind zwei Bedeutungen dieses Singens bekannt: Einerseits sollen die Weibchen angelockt werden, andererseits, mit einem ganz anderen, oftmals viel leiseren Zirpen (eben einem Balzgesang) paarungswillig gestimmt werden.

Geradezu kurios muten die Anstrengungen vieler Männchen an, nicht andere Männchen direkt, sondern deren Spermien zu bekämpfen. In vielen Fällen hilft ihnen dabei die weibliche Anatomie: Die Spermien werden nach der Begattung in einem blind endenden Behälter, dem Receptaculum seminis, gespeichert und müssen sich wieder zum Ausgang zurück bewegen, um die dort vorbeigleitenden Eier zu befruchten. Die Spermien des zuletzt kopulierenden Männchens haben dann, weil sie am weitesten vorn liegen, einen Vorteil.

Manche Männchen wie die der Aaskäfer (Silphidae) nutzen dies aus, indem sie sehr häufig kopulieren (das dünnt die Fremdspermien aus) und außerdem versuchen, das Weibchen möglichst bis zur Eiablage zu bewachen, so dass sie selber der letzte Kopulationspartner waren. Andere übertragen ein ziemlich kompaktes Paket von Spermien, das schon vorhandene fremde Spermien im Receptaculum weiter nach hinten schiebt.

Wieder einmal finden sich bei den Libellen die seltsamsten Methoden. Die Männchen vieler Arten besitzen einen Penis, der wie eine kleine Bürste mit vielen Borsten besetzt ist. Damit räumen sie im Receptaculum des Weibchens zuerst die fremden Spermien aus und übertragen dann die eigenen. Von Großlibellen ist sogar bekannt, dass das Männchen, wenn es das Weibchen mit seinen Cerci am Genick gepackt hat und mit ihm im Tandem fliegt, ein paar Loopings dreht und dabei Fremdsperma aus dem weiblichen Genitaltrakt herausschleudert.

Die Männchen anderer Arten wie mancher Schwimmkäfer (Dytiscidae) verschließen die weibliche Geschlechtsöffnung nach der Kopulation mit einem festen Pfropf, der erst Stunden später wieder ausgestoßen wird.

Weibchen: Die Qual der Wahl

Männchen sind also bestrebt, sich mit möglichst vielen Weibchen zu paaren und ihre Konkurrenten möglichst auszuschalten. Weibchen dagegen haben von Kopulationen mit mehreren Männchen keinen Vorteil: Ihre vergleichsweise wenigen Eier können vom Sperma eines einzigen Männchens besamt werden. Man kann aber erwarten, dass es von der Evolution belohnt wird, wenn sie darauf achten, dasjenige Männchen mit dem bestmöglichen Erbgut zu erwischen. Dann nämlich sollten ihre Nachkommen die bestmöglichen Erbanlagen mitbekommen, um selber wieder in großer Anzahl zur Fortpflanzung zu gelangen.

Aber welches ist das bestmögliche Männchen? Die Kriterien, nach denen Weibchen sich entscheiden, sind erst bei recht wenigen Arten klar erkennbar.

Von den Weibchen mancher Heuschrecken ist bekannt, dass sie auf bestimmte Merkmale des männlichen Gesangs achten und Männchen bevorzugen, die möglichst laut oder auch möglichst lang oder lückenlos singen. Bei vielen Tanzfliegen (Empididae, Abb. 42) überreicht das Männchen seiner Auserwählten ein gefangenes Insekt zum Aussaugen, und nachweislich bevorzugen die Weibchen solche Männchen, die ein möglichst großes Brautgeschenk machen.

Die Männchen mancher Skorpionsfliegen (Panorpidae, eine Familie der Schnabelhafte) überreichen ihren Weibchen eiweißreiche Kügelchen aus dem Sekret ihrer Speicheldrüsen. Die Weibchen fressen daran während der Kopulation und entscheiden anhand der Qualität der Kügelchen, wie lange das Männchen kopulieren darf. Schmeckt das Geschenk schlecht, brechen die Weibchen ab, und das Männchen kann nur wenige seiner Spermien unterbringen.

Abb. 42: Kopula bei der Tanzfliege *Empis opaca*. Das Weibchen (in der Mitte) saugt an einer vom Männchen überreichten Fliege. Männchen (oben) schwarz. Nach Séguy aus Honomichl (1998).

Die Weibchen wählen also ihr Männchen anhand der unterschiedlichsten Kriterien aus. In manchen Fällen ist der biologische Sinn des Kriteriums sofort einzusehen. Ein lückenhafter oder leiser Gesang weist auf ein Männchen hin, dessen Apparat zur Lauterzeugung bereits abgenutzt und das daher wohl alt ist. Und ein größeres Beutetier als Geschenk zeugt von dem größeren Geschick und der Kraft eines Männchens.

Inwieweit jedoch ein Sekretkügelchen ein sinnvolles Kriterium für die genetische Qualität eines Männchens sein kann, liegt noch einigermaßen im Dunkeln – und das gilt auch für eine Vielzahl weiterer Kriterien. Vielleicht kann man es sich so erklären: Ein Männchen, das trotz aller Widerwärtigkeiten des Lebens in der Lage ist, einen Luxusgegenstand herzustellen und zum Geschenk zu machen, muss schon insgesamt sehr fit sein ...

Vertauschte Rollen

Wie man sieht, sind die Investitionen, die manche Männchen pro Nachkommen aufbringen, gar nicht so gering. Brautgeschenke zu machen, aber auch z. B. Eiablageplätze anzubieten, kostet Kraft. Singen schließlich ist mit besonderen Risiken verbunden, denn ein singendes Männchen setzt sich für seine Fressfeinde geradezu auf einen Präsentierteller. Man kann sich also leicht vorstellen, dass bei manchen Insekten die Investitionen des Männchens pro Nachkommen die des Weibchens sogar übersteigen. Dann müssten sich, nach derselben Logik wie oben, die Verhaltensweisen der Geschlechter umkehren: Die Weibchen müssten um die Männchen konkurrieren, und die Männchen dürften wählerisch sein.

In der Tat kennt man dies von einigen Insektenarten wie manchen Laubheuschrecken, manchen Tanzfliegen oder den Borkenkäfern. Die Männchen dieser Arten legen sich auch mächtig ins Zeug: Sie produzieren z. B. ein sehr wertvolles Brautgeschenk (bei manchen Laubheuschrecken ist das Spermienpaket mit einer umfangreichen Sekretmasse verbunden, die für das Weibchen eine wertvolle Nahrungsquelle darstellt, Abb. 43). Oder sie nehmen das gefährliche Geschäft des Singens auf sich

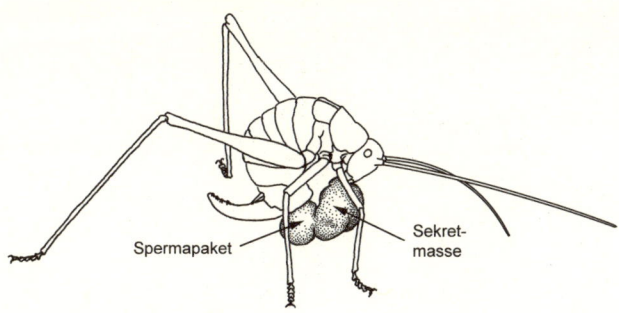

Abb. 43: Weibchen der Laubheuschrecke *Barbitistes serricauda* kurz nach der Kopulation. Während es die vom Männchen gelieferte Sekretmasse frisst, wandern die Spermien des Spermapakets in die inneren Geschlechtsorgane. Nach Bellmann (1993).

(die Männchen mancher Laubheuschrecken machen gleich beides). Oder aber sie bieten den Weibchen einen Eiablageplatz an wie die Borkenkäfer. In allen diesen Fällen suchen die Weibchen die Männchen auf und müssen es sich u. U. gefallen lassen, dass sie gar nicht genehm sind.

Die Sorge um die lieben Kleinen

In der Mehrzahl der Fälle jedoch ist es ganz ähnlich wie bei uns: Das Weibchen bringt pro Nachkommen ungleich mehr Zeit und Energie auf als das Männchen. Vor allem sorgen meist die Weibchen dafür, dass die Nachkommen beim Schlüpfen optimale Bedingungen vorfinden.

Oft ist der Aufwand hierfür nicht gerade beeindruckend: Die Eier müssen nur an der richtigen Fraßpflanze abgelegt werden, wenn denn die Larven Pflanzenfresser sind. Aber immerhin – die Weibchen der Maikäfer (*Melolontha*) wühlen sich zur Eiablage bis zu 60 cm tief in den Boden, um den Engerlingen den Weg zu ihren Lieblingswurzeln zu erleichtern.

Sehr viel schwieriger haben es Weibchen von Arten, deren Larven sich von ganz bestimmten Tierkörpern ernähren. Die Weibchen der Schlupfwespen (Ichneumonidae) z. B., einer rie-

Abb. 44: Weibchen der Schlupfwespe *Rhyssa persuasoria* beim Einbohren des Legebohrers (schwarz) in Nadelholz. Während der hier dargestellten Anfangsphase wird der Legebohrer zwischen den Coxen der Mittel- und Hinterbeine geführt. Nach einem Foto von H. Pfletschinger aus Urania Tierreich Insekten (1994).

sigen Familie der Hautflügler, müssen die Larven von – meist ganz bestimmten – Insektenarten auffinden und Eier an oder in ihnen platzieren. Das ist besonders dann nicht gerade einfach, wenn die Wirte wehrhaft sind (vgl. *Lasiochalcidia*, Abb. 6).

Aber auch bei wehrlosen Wirten vollbringen manche Arten sehr eindrucksvolle Leistungen: Die Weibchen der Gattung *Rhyssa* (eine Schlupfwespe; Abb. 44) finden die Larven von Holzwespen, die tief im Innern von Baumstämmen vor sich hin nagen. Wahrscheinlich erkennen sie die Wirte ihrer Kinder an den Nagegeräuschen und treiben dann einen körperlangen Legebohrer in halbstündiger Arbeit in das harte Holz, um den Wirt zu erreichen.

Die Weibchen von Grabwespen (Sphecidae, Abb. 45) und Wegwespen (Pompilidae) tun ein Übriges: Sie graben, meist im Boden, lange Gänge (beim Bienenwolf bis 1 m!), an deren Ende seitliche Erweiterungen als Brutkammern eingerichtet werden. Dann überwältigen sie – meist ganz bestimmte – Insekten bzw. Spinnen, lähmen sie durch einen Stich und tragen sie als lebende, aber ungefährliche Larvennahrung ein. Wegwespen zerren ihre erbeuteten Spinnen meist über den Boden zum Nest; Grabwespen bevorzugen, wenn es irgend geht, den Luftweg. Dabei transportiert z. B. der Bienenwolf (*Philanthus*), der Honigbienen überwältigt, eine Beute, die manchmal größer ist als er selber!

In allen diesen Fällen spricht man von Parasitoiden: Die Larven der Schlupfwespen, aber auch die der Grab- und Weg-

Abb. 45: Eine Grabwespe (*Ammophila sabulosa*)
trägt eine gelähmte Raupe als Larvennahrung zu ihrem Bau. Nach einem Foto von
H. Pfletschinger aus Urania Tierreich
Insekten (1994).

wespen (und einiger anderer Gruppen) fressen den Wirtskörper
nach und nach aus – sehr überlegt, möchte man meinen, indem
zuerst die unwichtigeren Gewebe wie der Fettkörper drankom-
men. Der Wirt stirbt schließlich (im Gegensatz zu einem Befall
mit Parasiten), und zwar gerade dann, wenn die Larve des Parasitoiden fertig zur Verpuppung ist. So kommt es, dass am Ende
aus dem Körper etwa einer Schmetterlingsraupe oder, noch ver-
blüffender, aus einer Schmetterlingspuppe eine Schlupfwespe
herauskriecht.

Nebenbei bemerkt: Vermutlich gibt es zu jeder Insektenart
einen Parasitoiden, der Jagd auf sie macht. Kahlgefressene Wäl-
der könnten also leicht und auf biologisch sinnvolle Weise von
ihrem Schädling befreit werden, wenn man rechtzeitig den richtigen Parasitoiden zur Verfügung hätte und freilassen könnte.
Aber genau hier liegt das Problem: Bisher gelingt es nur in wenigen Fällen (vor allem bei der Gattung *Trichogramma*), den Parasitoiden in genügender Anzahl zu züchten.

Aber zurück zur Vorsorge, die Insektenweibchen für ihre Brut
treffen. Sehr viel Mühe geben sich dabei die vielen Arten der
Wildbienen, z. B. die Woll-, Sand-, Furchen- oder Blattschnei-
derbienen. Bei den meisten Arten arbeitet jedes Weibchen für
sich allein. Es legt ein Nest an, je nach Art im Boden oder in
Mauerritzen, in Lehmwänden oder in hohlen Pflanzenstängeln.
Mörtelbienen (*Chalicodoma muraria*) kleben die Brutzellen an
Steine und umgeben sie mit einem betonharten Mantel aus mit
Speichel vermischtem Lehm. Jedes Nest enthält mehrere Brut-

zellen, die mit Pollen und Nektar gefüllt, mit einem Ei versehen und dann verschlossen werden. Die geschlüpfte Larve muss mit dem eingebrachten Futtervorrat auskommen – nachdem der Bau verschlossen wurde, kümmern sich die Mütter der meisten Arten nicht mehr darum.

Bis es so weit ist, hat das Weibchen aber jede Menge Arbeit mit dem Sammeln des Nahrungsvorrats. Bei aufmerksamem Beobachten sieht man an blühenden Pflanzen meist mehr Wildbienen als Honigbienen. Nur die größten erreichen die Ausmaße einer Honigbiene, und sie sammeln Pollen an den unterschiedlichsten Körperstellen: Manche pudern den gesamten Körper ein, andere wie die Mauerbienen tragen den Pollen am Bauch oder wie die Hosenbienen an den gesamten Hinterbeinen.

Übrigens sind manche Wildbienen schon viel früher im Jahr unterwegs als die Honigbienen. Es könnte gut sein, dass früh

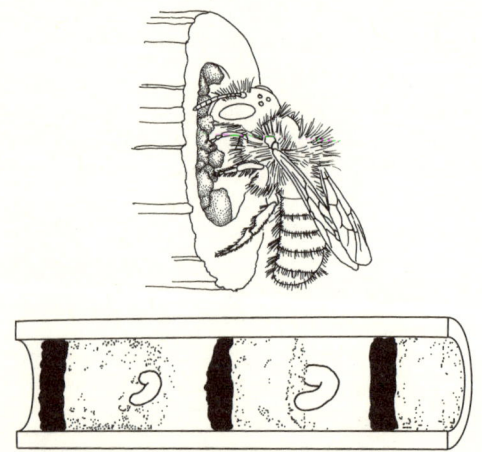

Abb. 46: Oben: Eine Mauerbiene (*Osmia*) beim Verschließen ihres in einem Bambusstängel angelegten Baues. An der Bauchseite erkennt man die kammartig angeordneten Haare des Sammelapparats für Pollen. Unten: Im Innern des Baues liegen mehrere Zellen hintereinander, jeweils durch eine Lehmwand (schwarz) getrennt. In jeder Zelle eine Larve auf Futterbrei (hier vorwiegend locker gelagerter Pollen). Nach Bellmann (1995) (unten) und einem Originalfoto (oben).

blühende Obstsorten ihre Bestäubung viel mehr ihnen verdanken als den Honigbienen. Manche Wildbienen (Abb. 46), z. B. die Mauerbiene *Osmia rufa* mit leuchtend rot gefärbtem, pelzigem Hinterleib, kann man unschwer bei der Nestversorgung beobachten: Sie bauen ihre Nester in alle möglichen erreichbaren Hohlräume. Wenn man ein paar Bambusstängel auf den Balkon legt, macht man sich und ihnen – sogar mitten in der Großstadt – eine Freude und kann das ganze mühsame Geschäft des Nestbaus verfolgen.

Insektenstaaten:
Bringt Nächstenliebe weiter als Kampf?

Arbeitsteilung im Honigbienenstaat

Die Sorge um die Nachkommen findet ohne Zweifel ihre komplizierteste Form darin, dass viele Insekten Staaten bilden. Bekanntestes Beispiel ist die Honigbiene (*Apis mellifera*). Seit mehr als 5000 Jahren wird sie wie ein Haustier gehalten und in ihrem sozialen Verhalten beobachtet. Sozial heißt dabei, ganz im umgangssprachlichen Sinn, dass nicht einfach nur viele Tiere zusammenleben, sondern etwas füreinander tun. Honigbienen sind in der Tat so sehr auf das Zusammenleben in ihrem Staat angewiesen, dass sie allein gar nicht überlebensfähig wären.

Jeder Imker kann es einem erzählen: In einem Honigbienenstaat gibt es eine Königin, das ist ein geschlechtsreifes, begattetes Weibchen, das Eier legt – immerzu, bis zu 2000 Stück pro Tag. Die meisten der anderen Individuen (es können bis zu 50000 sein) sind ebenfalls Weibchen, aber sie sind etwas kleiner als die Königin und haben nur verkümmerte Geschlechtsorgane. Sie leben nur wenige Wochen und müssen in dieser Zeit ein volles, ziemlich genau festgelegtes Arbeitsprogramm bewältigen, weshalb sie mit leicht geringschätzigem Beigeschmack Arbeiterinnen genannt werden: zunächst ein paar Tage lang Reinigung der Zellen, dann Füttern der Larven mit dem Sekret besonderer Drüsen (die nur in dieser Zeit voll ausgebildet sind), etwa ab dem 13. Lebenstag Ausbesserungsarbeiten an den Waben, schließlich Wächterdienste und zuletzt Sammeln von Nektar und Pollen, also Außendienst.

Eine reine Frauengesellschaft also? Nicht ganz. Von Mai bis Juli treten auch Männchen auf (Drohnen), die ausfliegen und sich mit einem Weibchen, einer Jungkönigin, paaren dürfen. Dabei sind charakteristische Geländemarken die Treffpunkte für die vielen ausgeflogenen Männchen und Weibchen aus verschiedensten Völkern, was die Chance erhöht, dass Kopulationspartner nicht näher verwandt sind. Die Jungköniginnen haben zu dieser Zeit schon einiges hinter sich: Sie waren zusammen mit einigen anderen Weibchen zu geschlechtsreifen Tieren herangezogen worden und mussten sich in Kämpfen auf Leben und Tod gegen die Geschwister im gleichen Stock durchsetzen. Nach dem Hochzeitsflug kehren sie zu ihrem jeweiligen Stock zurück und nehmen die Stellung der neuen Königin ein.

Und die alte? Sie und ein Großteil der alten Arbeiterinnen haben sich kurz vorher aus dem Staub gemacht. Sie haben sich in der Nähe niedergelassen und, als große Traube an einem Ast hängend, darauf gewartet, dass Kundschafter (Spurbienen) den Weg zu einem geeigneten Hohlraum als neuer Behausung zeigen. Imker nutzen diesen Zeitraum, um den ganzen Schwarm in einem geeigneten Kasten einzufangen. Dort geht das Leben dann weiter – und der Imker hat ein Volk mehr in seiner Obhut.

Zusammenarbeit bei der Brutpflege gehört immer dazu

Der Honigbienenstaat gehört zu den kompliziertesten unter allen Insektenstaaten. Er funktioniert mit den ausgefeiltesten Regulations- und Kommunikationsmechanismen wie einer sehr effizienten Wärmeregulierung (durch Muskelzittern wird die Temperatur erhöht, durch Verteilen von Wasser auf den Waben erniedrigt) oder natürlich dem Schwänzel- und dem Rundtanz, womit der Ort von neuen Nahrungsquellen mitgeteilt wird. Bemerkenswert ist auch, dass immer mehrere Generationen von erwachsenen Tieren gleichzeitig im Stock leben (die Arbeiterinnen sind ja Töchter der Königin).

Mit vielen Termiten- und Ameisenstaaten hat der Honigbienenstaat gemeinsam, dass er sich über mehrere Jahre erhält. Alle anderen Insektenstaaten gehen am Ende einer Vegetationsperiode ein. Nur begattete Weibchen überwintern und müssen im nächsten Frühjahr einen neuen Staat gründen. Ein Wespen- oder Hornissennest im Rollladenkasten verliert viel von seinem Schrecken, wenn man das weiß.

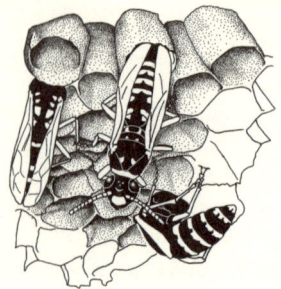

Abb. 47: Blick von unten auf die Wabe der Französischen Feldwespe (*Polistes dominulus*). Das mittlere Tier, die Königin, belegt gerade eine Zelle mit einem Ei. Die beiden anderen Tiere füttern (oder reinigen?), verhalten sich also wie Arbeiterinnen. Nach einem Originalfoto.

Apropos Wespenstaat (gemeint sind Faltenwespen, z. B. die Tiere, die beim Kuchenessen lästig werden): Offenbar teilen auch sie sich untereinander mit, wo es etwas Gutes zu futtern gibt – aber man weiß noch nicht, wie sie es machen. Sehr viel mehr weiß man über nahe Verwandte von ihnen, die Feldwespen (*Polistes*, Abb. 47). Sie bauen frei an Pflanzen hängende kleine Nester, die nur aus einer handtellergroßen Wabe ohne Hülle bestehen, so dass man sie bequem beobachten kann. Im Frühjahr wird ein solches Nest von einem überwinterten, begatteten Weibchen gegründet. Oftmals gesellen sich noch weitere Weibchen dazu, die dann meist – ebenfalls begattete – Schwestern aus dem gleichen vorjährigen Nest sind. Nach kurzer Zeit bildet sich aber eine Rangordnung heraus: Nur eines der Weibchen darf Eier legen, die anderen kümmern sich, wie auch die später schlüpfenden Arbeiterinnen, um Verteidigung, Nestbau und Nahrungsbeschaffung.

Ähnlich strukturiert sind die kleinen, im Boden lebenden Nestgemeinschaften von manchen Furchenbienen (Abb. 48), z. B. Arten der Gattung *Halictus*. Auch hier lebt das eierlegende Weibchen zusammen mit seinen Töchtern, den Arbeiterinnen, im gleichen Nest. In anderen Fällen dagegen (z. B. bei *Lasioglossum calceatum*, ebenfalls eine Furchenbiene) findet man immer nur eine einzige Erwachsenengeneration im Nest, die Eierlegen und Betreuen der Brut unter sich aufteilt.

Bringt man die verschiedenen, heute beobachtbaren Formen sozialen Zusammenlebens in eine Reihe mit zunehmender

Komplexität, so kann man sich die Entstehung der hochkomplizierten Staatenstruktur des Honigbienenstaates vielleicht ein bisschen besser vorstellen:

Am Anfang standen wohl zufällige Ansammlungen von Nestern einzeln lebender Tiere. Dann könnten es einige Arten geschafft haben, zu mehreren denselben Bau zu benutzen – ohne sich sonst in irgendeiner Weise gegenseitig zu helfen (kommunale Arten). Der entscheidende Schritt zu einem einfachen Sozialverhalten wäre anschließend gewesen, dass sich mehrere Tiere beim Füttern der Brut gegenseitig helfen (quasisoziale Arten).

In solchen Sozietäten könnten sich schließlich zwei unterschiedliche Weibchenformen entwickelt haben: Die eine darf Eier legen, die andere aber verzichtet auf Fortpflanzung und erledigt die übrigen Geschäfte wie verteidigen, füttern und sammeln (semisoziale Arten). Vom Ergebnis her kann man gut nachvollziehen, dass durch diese Aufgabenteilung ein Vorteil im Kampf ums Überleben entsteht: Das Weibchen, das Eier legt und damit für den Fortbestand der Art sorgt, darf geschützt im Nest bleiben. Trotzdem birgt dieser Schritt wohl die größten Schwierigkeiten für das Verständnis, weil immerhin die meisten Tiere auf eigene Nachkommen verzichten (s. nächstes Kapitel).

Im Zusammenhang mit einer gesteigerten Langlebigkeit der Geschlechtstiere könnte es endlich möglich geworden sein, dass mehrere Generationen von Erwachsenen gleichzeitig nebeneinander existieren (eusoziale Arten). Eusoziale Strukturen findet man außer bei der Honigbiene noch bei einer Reihe anderer

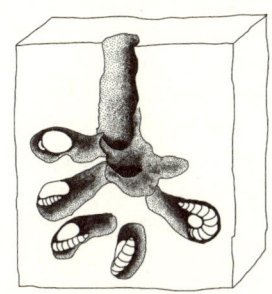

Abb. 48: Geöffnetes Nest der Furchenbiene *Lasioglossum malachurum*. In jeder Brutzelle ein Futterkügelchen aus mit Nektar verklebtem Pollen und eine Larve (in der Zelle links oben ein Ei). Alter der Zellen von links oben gegen den Uhrzeigersinn zunehmend. Nach Westrich (1989).

Arten, insgesamt sind nicht weniger als 20 000 bekannt. Sie gehören erstaunlicherweise durchweg zu nur zwei Ordnungen: den Termiten und den Hautflüglern. Während aber bei den Termiten alle Arten eusozial leben, sind es bei den Hautflüglern einzelne verwandtschaftliche Gruppen: die Honigbiene und die nahe verwandten Hummeln sowie die Faltenwespen, alle Ameisen und eine Reihe von Furchenbienen (Halictidae). Wahrscheinlich hat sich Eusozialität innerhalb der Hautflügler nicht weniger als elfmal unabhängig voneinander entwickelt.

Anderen helfen –
vielleicht doch nur wegen des eigenen Vorteils

Zu echtem sozialen Verhalten der Insekten gehört also offenbar, dass einige Tiere, die Arbeiterinnen, auf eigene Nachkommenschaft verzichten und stattdessen helfen, die Nachkommen der Mutter, also die eigenen Schwestern, großzuziehen. Für Evolutionsbiologen besteht ein großes Problem darin, dies verstehen zu können. Erinnern Sie sich an die Grundannahme im Kapitel Fortpflanzung? Da hieß es, jedes Lebewesen sei bestrebt, möglichst viele Nachkommen mit dem eigenen Erbgut zu produzieren!

Für die Staaten der Hautflügler hat man wenigstens den Ansatz einer Erklärung gefunden, wie echtes soziales Verhalten möglich wird, ohne dass diese Grundannahme verworfen werden muss: Man kann nachrechnen, dass sich in der Schwester einer Arbeiterin durchschnittlich mehr Gene finden, die mit den eigenen identisch sind, als in den eigenen Nachkommen. Das klingt wenig plausibel, aber es hängt mit der besonderen Struktur des Erbguts bei Hautflüglern zusammen (Abb. 49). Wer nachrechnen will, lese die vier nächsten Absätze:

Die Weibchen der Hautflügler haben – wie es bei Tieren normal ist – einen doppelten Chromosomensatz (wobei sich die Gene auf dem einen einfachen Chromosomensatz von denen auf dem anderen unterscheiden können). Bei der Bildung der Eier wird der doppelte Chromosomensatz aufgeteilt: Jedes Ei erhält einen einfachen Satz. Damit entstehen zu 50 % Eier mit

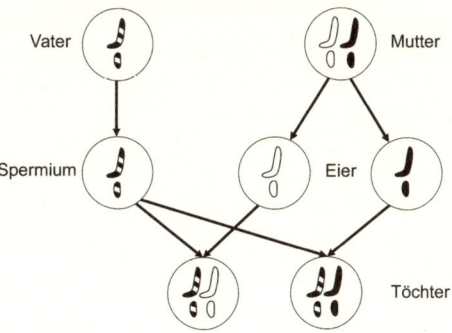

Abb. 49: Chromosomenverhältnisse bei Hautflüglern. Der Übersichtlichkeit halber ist angenommen, dass ein einfacher Chromosomensatz nur aus zwei Chromosomen besteht, einem längeren hakenförmigen und einem kurzen ovalen. Jeder einfache Chromosomensatz ist eindeutig markiert: der des Vaters gestreift, die beiden Sätze der Mutter weiß bzw. schwarz. Obere Zeile: die Körperzellen von Vater und Mutter; mittlere Zeile: die möglichen Typen von Geschlechtszellen; untere Zeile: die möglichen Zusammenstellungen von Chromosomen in den Körperzellen der Töchter. Original.

der einen Hälfte der Chromosomen und zu 50 % Eier mit der anderen Hälfte – also zu gleichen Teilen zwei unterschiedliche Typen.

Die Männchen der Hautflügler dagegen zeigen eine Besonderheit: Sie entstehen aus unbefruchteten Eiern und haben daher nur einen einfachen Chromosomensatz. Alle von einem Männchen gebildeten Spermien sind also genetisch identisch.

Wenn aus einem Ei ein Weibchen entstehen soll, so erlaubt die Königin die Befruchtung durch ein Spermium aus dem im Receptaculum gespeicherten Vorrat. Will man nun ausrechnen, mit welcher Wahrscheinlichkeit sich zwei dieser befruchteten Eier in ihrem Chromosomenbestand gleichen, so ergibt sich Folgendes: Da alle Spermien (wenn sie von einem einzigen Männchen stammen) identisch sind, gleichen sich alle befruchteten Eier schon mal in der einen Hälfte ihres Chromosomensatzes, also zu 50 %. Die andere Hälfte der Chromosomen kommt von der Mutter, und zwar mit gleicher Wahrscheinlichkeit entweder von der einen oder der anderen Hälfte von deren doppeltem

Chromosomensatz. Alle befruchteten Eier (und damit die daraus entstehenden Töchter) gleichen sich also in der anderen Hälfte ihrer Chromosomen im Mittel noch mal zu 50%, so dass insgesamt herauskommt: Schwestern haben im Mittel zu 75% identisches Erbgut.

Rechnet man in ähnlicher Weise die genetische Identität von Mutter und Tochter aus, so ergibt sich nur ein Wert von 50%, da nur eine Hälfte des Chromosomensatzes der Tochter von der Mutter stammt, die andere Hälfte vom Vater.

So gerechnet, bedeutet das also für ein Weibchen (eines Hautflüglers!), dass es mehr für den Fortbestand der eigenen Gene tut, wenn es statt der eigenen Nachkommen die Schwestern großzieht!

Nun kann keiner erwarten, dass auch die Hautflügler nachrechnen. Aber das Rechenkunststück könnte wenigstens eines erklären: Falls irgendwann in grauer Vorzeit eine Verhaltensweise wie das gegenseitige Helfen bei der Aufzucht der Jungen zufällig aufgetreten war und sich genetisch etabliert hatte, wäre sie aufgrund der besonderen Chromosomenverhältnisse bei den Hautflüglern gefördert worden. Und das würde auch verständlicher machen, warum das Sozialverhalten gerade bei Hautflüglern nicht nur einmal, sondern gleich vielfach unabhängig voneinander entstehen konnte.

Anhang

Literaturverzeichnis

Bellmann, H. (1993): Libellen beobachten, bestimmen. Naturbuch-Verlag, Augsburg

Bellmann, H. (1993): Heuschrecken beobachten, bestimmen. Naturbuch-Verlag, Augsburg

Bellmann, H. (1995): Bienen, Wespen, Ameisen. Franckh-Kosmos Verlag, Stuttgart

Bellmann, H. (1999): Der neue Kosmos-Insektenführer. Franckh-Kosmos Verlag, Stuttgart

Brauns, A. (1991): Taschenbuch der Waldinsekten. Gustav Fischer Verlag, Stuttgart

Dettner, K., Peters, W. (Hrsg.) (1999): Lehrbuch der Entomologie. Gustav Fischer Verlag, Stuttgart

Dickinson, M. (2001): Die Kunst des Insektenflugs. Spektrum der Wissenschaft, Heft 9, S. 58–65

Gewecke, M. (Hrsg.) (1995): Physiologie der Insekten. Gustav Fischer Verlag, Stuttgart

Grzimeks Tierleben. Enzyklopädie des Tierreichs (2000): Bd. 2: Insekten. Bechtermünz Verlag, Augsburg

Haupt, H., Haupt, J. (1998): Fliegen und Mücken. Beobachtung, Lebensweise. Naturbuch-Verlag, Augsburg

Honomichl, K., (1998): Biologie und Ökologie der Insekten. 3. Auflage. Begründet von W. Jacobs und M. Renner. Gustav Fischer Verlag, Stuttgart

Honomichl, K., Bellmann, H. (1996): Biologie und Ökologie der Insekten. CD-ROM. Gustav Fischer Verlag, Stuttgart

Kaestner, A. (1973): Lehrbuch der Speziellen Zoologie. Bd. I, 3. Teil: Insecta. 2 Bände. Gustav Fischer Verlag, Stuttgart

Klausnitzer, B. (Hrsg.) (2000): Exkursionsfauna von Deutschland. Begründet von E. Stresemann. Bd. 2: Insekten. Spektrum Akademischer Verlag, Heidelberg

Novak, I., Severa, F. (1991): Der Kosmos-Schmetterlingsführer. Franckh-Kosmos Verlag, Stuttgart

O'Toole, C. (1996): Alien Empire. Das Reich der Insekten. Knesebeck, München.

Urania Tierreich Insekten (1994). Urania-Verlag Leipzig, Jena, Berlin

Wachmann, E., Platen, R., Barndt, D. (1995): Laufkäfer: Beobachtung, Lebensweise. Naturbuch-Verlag, Augsburg

Weber, H. (1969): Die Elefantenlaus Haematomyzus elefantis Piaget 1869. Zoologica, Heft 116

Weber, H., Weidner, H. (1974): Grundriss der Insektenkunde. Gustav Fischer Verlag, Stuttgart

Weidemann, H. J. (1995): Tagfalter beobachten, bestimmen. Naturbuch-Verlag, Augsburg

Weidemann, H. J., Köhler, J. (1996): Nachtfalter. Spinner und Schwärmer. Naturbuch-Verlag, Augsburg

Westrich, P. (1989): Die Wildbienen Baden-Württembergs. 2 Bde. Verlag Eugen Ulmer, Stuttgart

Wigglesworth, V. B. (1971): Das Leben der Insekten. Editions Rencontre, Lausanne

Zahradnik, J. (1990): Bienen, Wespen, Ameisen. Die Hautflügler Mitteleuropas. Franckh-Kosmos Verlag, Stuttgart

Zahradnik, J. (2002): Der Kosmos-Insektenführer. Franckh-Kosmos Verlag, Stuttgart

Register

Bei mehreren Verweisen führt eine **fette** Ziffer zur Haupttextstelle; *kursive* Ziffern verweisen auf Abbildungen.

Aus dem Verlagsprogramm

Natur und Naturwissenschaften
bei C. H. Beck

Louis Beyens
Arktische Passionen
Ein Reisebericht
Aus dem Niederländischen von Janneke Panders
2000. 352 Seiten mit 71 Abbildungen, davon 40 in Farbe auf Tafeln,
und 31 Karten im Text. Gebunden

Dirk Draulans
Im Dschungel
Afrika, Affen und andere Leidenschaften
Aus dem Niederländischen von Annette Löffelholz
2001. 349 Seiten mit 1 Karte. Gebunden

Richard Fortey
Leben. Eine Biographie
Die ersten vier Milliarden Jahre
Aus dem Englischen von Friedrich Griese und Susanne Kuhlmann-Krieg
1999. 443 Seiten mit 28 Abbildungen. Gebunden

Marc D. Hauser
Wilde Intelligenz
Was Tiere wirklich denken
Aus dem Englischen von Susanne Kuhlmann-Krieg
2001. 379 Seiten mit 15 Abbildungen von Ted Dewan. Gebunden

Steven Rose
Darwins gefährliche Erben
Biologie jenseits der egoistischen Gene
Aus dem Englischen von Susanne Kuhlmann-Krieg
2000. 363 Seiten mit 46 Abbildungen und 1 Tabelle. Gebunden

Peter Sitte (Hrsg.)
Jahrhundertwissenschaft Biologie
Die großen Themen
1999. 453 Seiten mit 58 Abbildungen, davon 31 in Farbe,
und 11 Tabellen. Gebunden

Natur und Naturwissenschaften in der Reihe C. H. Beck Wissen

C.H.BECK ✚ WISSEN
in der Beck'schen Reihe

Zuletzt erschienen: